历史不能忘记系列⑦

遇难者 VICTIMS 300000 遭难者

南京大屠杀

曹必宏◎著

中国民主法制出版社

2015年·北京

图书在版编目（CIP）数据

南京大屠杀/曹必宏著.—2版.—北京：中国民主
法制出版社，2015.7（2020.7重印）

（历史不能忘记系列/张量主编）

ISBN 978-7-5162-0950-9

Ⅰ.①南… Ⅱ.①曹… Ⅲ.①南京大屠杀—青少年
读物 Ⅳ.①K265.609

中国版本图书馆 CIP 数据核字（2015）第 180524 号

历史不能忘记系列

张量 主编

图书出品人/刘海涛

出版统筹/赵卜慧

责任编辑/吕发成 胡百涛

书名/南京大屠杀

作者/曹必宏 著

出版·发行/中国民主法制出版社

地址/北京市丰台区玉林里7号（100069）

电话/63055259（总编室） 63057714（发行部）

传真/63056975 63056983

http：//www. npcpub. com

E-mail：mzfz@npcpub. com

经销/新华书店

开本/32 开 880 毫米×1230 毫米

印张/7 **字数**/140 千字

版本/2015 年 7 月第 2 版 2020 年 7 月第 3 次印刷

印刷/三河市人民印务有限公司

书号/ISBN 978-7-5162-0950-9-01

定价/20.00 元

▶ 修订版序

　　中国出版集团旗下中国民主法制出版社，将在中国人民抗日战争暨世界反法西斯战争胜利 70 周年之际，修订再版"历史不能忘记"系列丛书，我感到非常高兴。当年我参加组织编写了这套丛书，得到了社会的认可。在老一辈无产阶级革命家杨成武同志为第一版作序后，由我为再版作序。虽然水平有限，然出版社坚持，也只好尽力而为了。

　　1993 年以后，日本国内的右翼势力开始猖獗，日本政局也开始出现右倾化的动向，不时上演参拜靖国神社、篡改历史教科书、否定南京大屠杀，为日本侵华战争涂脂抹粉，企图推卸战争责任的闹剧。前事不忘，后事之师。要让中国人民和世界人民永远牢记这段历史，尤其要让青少年从小就了解、记住这段历史。在我国国内，虽然抗日战争方面的图书资料很多，却难见一套比较系统地对青少年进行抗日战争方面的爱国主义教育的丛书。1998 年初，中国民主法制出版社的编辑赵卜慧等同志策划了"历史不能忘记"系列丛书。受出版社邀请，我组织时任中国社会科学院近代史研究所所长、《抗日战争研究》杂志主编、中国抗日战争史学会副会长张海鹏，中国第二历史档案馆馆长、中国抗日战争史学会理事周忠信，中国人民大学中共党史系主任、博士生导师陈明显，中国人民抗日战争纪念馆编研部主任、中国抗日战争史学会常务理事、研究员张量和中国人民解放军军事医学科学院研究员、细菌学专家郭成周以及对抗日战争史有深入研究的专家学者，精心编写了这套丛书。这套丛书收录了大量的史料和图片，有些是首次公之于众的，揭露了日本侵略中国所犯下的滔天罪行，如南京大屠杀、日军细菌部队罪行等；讴歌了中国人民浴血奋战，与日本侵略者血战到底的气壮山河、可歌可泣的民族精神，如八一三淞沪会战、台儿庄战役、百团大战等。该丛书第一版推出12本，于1999年9月出版。丛书出版后在读者中引起了很好的反响，当年就名列共青团中央"中国新世纪读书计划第7期新书推荐榜"，并被列为上海市中小学生图书馆必备书目，荣获第9届上海市中小学生优秀课外读物三等奖。

近几年，日本政府在右倾化的道路上越走越远，尤其是安倍上台以后，不但矢口否认历史，而且否认对侵略历史表示歉意的"村山谈话"，挑起诸多事端，解禁集体自卫权，对外出售武器，动摇日本战后和平宪法的根基，加快日本军国主义的复活，引起世界各国尤其是曾经遭受日本军国主义铁蹄践踏的亚洲邻国的高度警惕。

　　为了铭记历史、缅怀先烈、珍视和平、警示未来，2014 年 2 月 27 日，全国人大常委会通过了《全国人民代表大会常务委员会关于确定中国人民抗日战争胜利纪念日的决定》，以法律的形式，将每年 9 月 3 日确定为中国人民抗日战争胜利纪念日；2014 年 4 月 10 日，又通过了《全国人民代表大会常务委员会关于设立南京大屠杀死难者国家公祭日的决定》。今年是中国人民抗日战争暨世界反法西斯战争胜利 70 周年，我国将在纪念日举行空前盛大的阅兵活动，向世界宣示中国维持战后世界秩序的坚定决心。

　　在此之际，修订再版"历史不能忘记"系列丛书，充分体现了中国民主法制出版社的担当意识和责任精神。丛书站在新的历史方位，挖掘和整理最新史学研究成果和文献资料，由初版 12 册增加到 22 册，内容更加丰富，事实更加清晰，范围更加广阔，尤其是把儿童抗战、文化抗战、台湾抗战、空军抗战、海军抗战等鲜为人知的抗战史料呈现在读者面前。不难看出策划者把这套丛书作为精品工程精心来打造的良苦用心。

　　2014 年 7 月 7 日，习近平总书记在纪念全民族抗战爆发 77 周年仪式上指出，历史是最好的教科书，也是最好的清醒剂。中国人民对战争带来的苦难有着刻骨铭心的记忆，对和平有着孜孜不倦的追求。中国的抗日战场，是世界反法西斯战争的东方主战场，中国抗日战争的胜利，为世界反法西斯战争作出了积极贡献。中国抗日战争的胜利，是中国近代以来第一次取得的反对外来侵略的彻底胜利，一雪百年屈辱历史，它是中华民族由衰败走向振兴的重大转折。

实现民族复兴的中国梦，是每一位中华儿女共同的历史使命。中华民族的伟大复兴、美丽中国梦的实现，许多道理需要让历史告诉未来。中国人民会铭记这段历史，以史为鉴，时刻保持清醒头脑，警惕日本军国主义的死灰复燃，牢记"落后就要挨打，就要受人欺负"的教训，紧密地团结在以习近平为总书记的党中央周围，发奋图强，努力学习和工作，把我们的国家建设得日益繁荣富强，为早日实现中华民族伟大复兴的中国梦而努力奋斗。

中央档案馆原馆长
中国档案学会原理事长
中国抗日战争史学会原副秘书长　王明哲

2015年5月

▶ 第一版序

抗日战争，这是个历史性和现实性都很强的话题。

说它具有很强的历史性，那是因为，这场战争的爆发距今毕竟已有62年。时至今日，战争的硝烟早已散尽，在和平共处五项原则的基础上，中日两国正面向未来，致力于建设和平与发展的友好合作伙伴关系。至于有关反映抗日战争的文章和书籍，60多年来则更是难计其数。

说它具有很强的现实性，则是由于：其一，抗日战争毕竟是自1840年鸦片战争以来，帝国主义列强发动的历次侵华战争中最残酷的一场战争，也是中国人民反抗外来侵略最坚决并最终取得全面胜利的一场战争。这场惨绝人寰的侵略战争造成了3500万中国人的伤亡，造成了1000亿美元的直接财产损失，使千百万中国人流离失所。这么一场空前的民族大灾难，无论如何不应该也无法从人们的记忆中抹去。其二，抗日战争虽然早已结束，但它给我们留下许多血的教训：得道多助、失道寡助。尽管有一时的强弱之别，然而玩火者必自焚，正义终将战胜邪恶；贫穷、落后就要挨打，就会受人欺辱，只有国家富足强盛，才能人民安居乐业……所有这些，都将犹如警钟长鸣，时时警示着世人。其三，人总是要有点精神的。中华儿女在这场民族灾难中所表现出来的浴血奋战、不怕牺牲的抗战精神，作为一种极其宝贵的精神财富，无论时间再久远，都将永久地熠熠生辉、光芒四射。在和平的年代里，在社会经济建设中，我们仍然需要弘扬这种宝贵的民族精神。其四，随着时间的推移，抗日战争渐渐成为历史，年青的一代只能从历史书籍、从教科书中去了解这场战争的真相了。也正因为如此，在日本，总有那么一些人不时地挑起事端，他们或在教科书问题上大做文章，或在日军侵华史实上黑白颠倒，企图篡改历史，误导后人。历史霎时间似乎成了一个任人打扮的小女孩。为此，要不要把这场战争的本来面貌告诉世人特别是年青的一代，显然成了摆在每一个史学工作者面前的现实问题。

有鉴于此，中国民主法制出版社约请了长期从事抗日战争问题研究、占有大量客观资料的专家学者，历时数载，撰写了这套"历史不能忘记"丛书。丛书本着对历史负责，对后人负责的态度，严格尊重史实，凭借事实说话，分《以史为鉴　面向未来》《九一八事变》《七七卢沟桥事变》《八一三淞沪会战》《平型关战役》《台儿庄战役》《南京大屠杀》《百团大战》《日军细菌战》《中国空军抗战》《中国海军抗战》《中国抗日远征军》

《抗日英烈民族魂》《华侨支援祖国抗战纪实》《国际友人与抗日战争》《华北抗日》《华东抗日》《华南抗日》《抗战中的延安》共 19 个分册，全方位多角度、系统客观地披露和介绍了抗日战争的爆发背景以及发动经过、侵华日军在战争中所犯下的滔天罪行、中国军民抗击侵略者的著名战役、献身于抗战的民族英烈等。其中，一些材料和观点尚属首次公开发表。

日本的一位首相曾经说过："我们无论怎样健忘，也不能忘记历史。我们可以学习历史，但不能改变历史。"作为一种民族灾难，抗日战争过后的今天，无论是挑起这场战争的加害国还是遭受侵略的被害国，惟有正视史实，以史为鉴，才能更好地面向未来，防止悲剧再度发生。而再现历史真相又是问题的逻辑前提。我想，这恐怕正是撰写和出版这套丛书的目的所在吧。

作为抗日战争的亲身经历者，我愿意把这套丛书推荐给需要了解和应当了解这段历史的人们。

杨成武

1999 年 4 月 4 日

▶ 目 录

南京沦陷

南京是一座具有悠久历史的古都。公元前 472 年，越国在此修筑了第一座城池。三国时期，孙权于公元 229 年将南京（当时称建邺）定为首都。其后，东晋、宋、齐、梁、陈也相继在此建都，从此，南京以"六代豪华"而著称于史。"六朝"以后的 1000 多年间，先后又有五代十国的南唐、明朝、太平天国和中华民国在此立都，故又有"十朝都会"的美誉。

公元 1368 年，明太祖朱元璋在南京（当时称应天府）建都后，调集全国能工巧匠，历时 21 年，筑起了长达 33.67 公里的内城城墙，也就是至今留存的南京城墙，长度位列世界第一。经历代苦心经营，南京城的规模不断扩大，也越来越繁华。1927 年国民政府建都南京后，南京在政治、经济、文化上的地位越来越重要，行政区划进一步扩大，人口不断增加。至 1937 年 6 月全面抗日战争爆发前夕，南京已成为占地 465.9 平方公里，人口达 101.5 万的大都市。

1937 年 7 月 7 日，日本侵略者在卢沟桥挑起全面侵华战争；8 月 13 日，又在上海挑起淞沪战事。从此，战争的阴云密布在南京的上空，南京已不再有往日的和平和安静。

◎ 日军杀向南京

1937 年 8 月 15 日午后，骄阳似火，正是素有火炉之称的南京一天中最热的时候。

突然，一阵刺耳的空袭警报声响起。也许是因为最近一段时间不断有防空演习的缘故，人们乍听到警报声，并未惊慌失措，但随之而来的嗡嗡的飞机声，机枪、高射炮的射击声，炸弹的爆炸声，使南京人惊醒而又紧张起来：日本飞机来了！战争已经降临到他们居住的这座城市！

▲日机飞临南京上空

在日本海军木更津航空队少佐飞行长林四如虎的率领下，20 架日本海军 96 式陆上攻击机从日本长崎附近的大村航空基地起飞，冒着风速 15 米/秒的台风，越过大海，从杭州湾侵入中国上空，向南京袭来。

96 式陆上攻击机，是侵华初期日本海军主要装配的机种，也是当时世界上最先进的飞机之一。它由日本三菱飞机制造厂生产，最高时速 384 公里，最大续航距离 4500 公里，装有 20 毫米航炮 1 门，7.7 毫米机枪 3～4 挺，可携带 60 公斤炸弹 6 枚，中单翼，双发动机，各 1000 马力，装备空气冷却系统，乘员 5 人。

由于在苏州上空遭到中国空军的阻拦，有 4 架日机被冲散，到达南京上空的日机实际为 16 架。日机甫一飞临南京上空，中国守军设置在高地上的高射机枪立即向日机猛烈射击，中国空军的 13 架"霍克"战斗机也迅速升空拦击。日机一边还击，一边强行冲入南京市区上空，向明故宫机场、大校场机场、八府塘、第一公园、大行宫、新街口等军事设施和人口稠密处扫射和轰炸。一时间，南京城内，爆炸声声，浓烟滚滚，一些建筑物中弹起火，数十人伤亡，同时也有 4 架日机被击落。1937 年 8 月 16 日的《申报》报道了此次袭炸给南京带来数十人伤亡的情况："受伤投入医院医治者，计中央医院九人，下关传染病医院三人，内有重伤一人，丰富路卫生事务所二人，复成桥事务所十人，煤炭港由博爱医院诊治，俱系轻伤。第一公园附近死数十人。"

此后，8 月 16 日、8 月 19 日、8 月 22 日、8 月 24 日、8 月 26 日、8 月 27 日，日机又多次对南京进行了轰炸和夜袭。

9 月 18 日夜，为了纪念九一八事件六周年，中国空军集中 24 架飞机突袭淞沪日军阵地，击中了日军占据的汇山、杨树浦码头，刚从日本运来的大量军用物资在大火中化为灰烬，日军损失惨重。

以此为借口，9月19日，日本海军第三舰队司令官长谷川清向驻沪各国领事发出通告，宣称南京为中国军事活动的主要根据地，为消除中国军队的敌对行动，早日结束目前的敌对状况，日军将于9月21日正午以后对南京城内及附近的中国军队、一切属于军事工作及活动之建筑，采取轰炸或其他手段。

日军并没有等到其通告所称的21日正午，就在发出通告的当天，日军就先后两次出动了包括战斗机22架、轰炸机28架、侦察机27架共77架次的飞机，袭击了大校场机场、南京兵工厂、南京警备司令部、宪兵司令部等处，并同中国空军展开了激战。两次空袭，摧毁了一些军事设施，并炸毁了许多民房，市民伤亡百余人。

9月20日，日机两次袭击南京；9月22日，日机三次袭击南京；9月25日，日机空袭南京的次数更达到了四次共94架次。

总计从9月19日至9月25日的一周时间内，日机空袭南京共出动飞机289架次，投弹355枚，计32.3吨。在日机的空袭下，昔日繁华美丽的六朝古都陷于一片火海之中，大批建筑物和居民房屋化为废墟，三条巷、江东门、健康路、三条营等处的住宅、商店、医院被炸得满目疮痍；失去父母的孩子在尸体旁哭泣，无家可归的居民在街头流浪，缺胳膊少腿的伤员被紧急送往医院抢救。

11月12日，经过三个月的激战，中国军队退出上海，上海沦陷。随之，日军便将进攻的矛头直接指向国民政府所在地南京。

"为了要解决事变，攻占首都南京，具有最大的价值。我们要以现有的兵力，不惜付出最大的牺牲。"华中方面军司令兼上海派遣军司令松井石根在其上海指挥所对其部下表明了自己的志向。

与此同时，一份来自上海华中方面军的报告通过无线电波送到了日本东京参谋本部：

"为了使事变迅速解决，乘现在敌人的劣势，必须攻占南京。"

经过日本御前会议的讨论，11 月 28 日，参谋次长多田骏正式签署了"向南京追击"的命令，并送交天皇批准。

12 月 1 日，日本大本营下达敕令，正式规定了华中方面军的战斗序列：华中方面军司令官松井石根大将，下辖上海派遣军和第十军。上海派遣军司令官朝香宫鸠彦中将，下辖藤田进中将为师团长的第 3 师团、吉住良辅中将为师团长的第 9 师团、山室宗武中将为师团长的第 11 师团、中岛今朝吾中将为师团长的第 16 师团、伊东政喜中将为师团长的第 101 师团；第十一军司令官柳川平助中将，下辖谷寿夫中将为师团长的第 6 师团、牛岛贞雄中将为首的第 18 师团、末松茂治中将为师团长的第 114 师团以及国崎登少将指挥的国崎支队等部队。

同一天日本大本营第八号敕令由参谋次长多田骏乘专机亲自送往上海华中派遣军军部："华中方面军司令官须与海军协同，攻占敌国首都南京。"

接到攻打南京的正式命令的当天，松井石根即向其所属部队下达了攻占南京的作战命令：

一、华中方面军计划与支那方面舰队协同攻克南京。

二、上海派遣军 12 月 5 日主力开始行动，重点保持在丹阳、句容公路方面，击败当面之敌，进入磨盘山山脉；令一部从扬子江左岸地区攻击敌之背后，同时截断津浦铁路及江北大运河。

三、第十军于主力 12 月 3 日前后开始行动。以一部从芜湖方面进抵南京背后，以主力击破当面之敌，并进抵溧水附

▲12 月 1 日，日军下达进攻南京的作
战命令，南京保卫战开始。

近。应特别须对杭州方面加强警戒。

在松井石根的指挥下，华中方面军所辖部队，除第 101 师团留驻上海外，其余部队共 10 余万人，在空军、海军的配合下，兵分三路，攻向南京：左路以第 6、第 18、第 114 师团和国崎支队，沿广德、宣城一线西进，直取芜湖，以切断南京中国守军沿江西去的退路；中路以第 3、第 9 师团，沿京（宁）杭公路攻击南京；右路以第 11、第 13、第 16 师团沿京（宁）沪铁路向西进犯，攻夺乌龙山炮台，并渡江北上，切断津浦铁路和江北大运河。与此同时，长谷川清指挥海军舰队溯江西上，直指南京。

松井的部队，在太阳旗的引导下，一路烧杀淫掠，直扑南京。日军兵锋所至，美丽富饶的长江三角洲遭到前所未有的蹂躏：素有"东方威尼斯"之称的苏州城，到处是残垣断壁，中国平民的尸体倒卧路旁；美丽的无锡城，大火燃烧七天七夜未熄，全城几成废墟，2000 名无辜平民惨遭杀戮；龙城常州，有 8790 余人遭杀戮，36580 间房屋遭焚毁；江阴是锡澄国防线的终端，江阴军民曾进行英勇顽强的抵抗，凶残的日军进行了疯狂的报复，县城澄江镇被焚，大火绵延半月，近千间房屋被毁，无数妇女惨遭奸淫、残杀。

"兽类"集团的机器在开动，吞噬着无数无辜生灵的生命。漫漫沪宁线上，茫茫江南水乡，浸透了中国百姓的殷殷鲜血。日军在由上海攻向南京途中的暴行，预示着更大的灾难将降临到南京军民的头上。

为了配合日军的地面进攻，日机从 11 月 13 日至 12 月 13 日南京沦陷的一个月时间内，对南京进行了更为疯狂的狂轰滥炸，不管是军事目标还是民居、商店、医院、学校、工厂，见房投弹，见人扫射，一批又一批失去抵抗能力的中国军人和手无寸铁的居民倒在血泊中。就连一些外国驻华官员和侨民也不能幸免，并有不少伤亡。此时的南京，整天空袭警报响个不停，人心惶惶。

据中国方面统计，从 1937 年 8 月 15 日至 12 月 13 日，南京市区共遭受日机空袭 118 次、投弹 1357 枚，市民死亡 430 人，重伤 528 人，毁灭房屋 24 所、1607 间。

针对日机在南京轰炸、扫射非军事设施和居民的暴行，中外舆论曾予以无情的揭露。1937 年 9 月 24 日，《中央日报》发表社评指出，连日敌机对我后方城市与军事无关的平民区域，大肆轰炸，屠杀妇孺及非战斗人员，其行为之卑劣，手段之残酷，充分暴露其野蛮习性。苏联驻日本大使司拉夫斯基照会日本广田外相，对日机轰炸南京表示抗议。国联大会也通过决议，谴责日军对中国无防御城市施行轰炸的暴行。

▲1937 年 9 月 25 日 13 时，全国经济委员会卫生实验处与卫生署合办之公共卫生人员训练所图书室被炸毁。

▲南京居民遭日机轰炸后的惨状

◎ 唐生智临危受命

当上海中国守军撤退、日军西逐之时，南京东郊离中山陵不远的蒋介石官邸，一次重要的军事会议正在进行。出席会议的有国民政府军事委员会委员长蒋介石、军政部长何应钦、军委会常务委员白崇禧、军委会办公厅主任徐永昌、大本营作战组组长刘斐等人。会议的中心议题是南京的防守问题。

"南京是我国首都所在，不作任何抵抗就放弃，当然不可。但不应以过多的部队争一城一地的得失，只用象征性的防守，作适当抵抗之后就主动地撤退。对兵力使用上，以用十二个团，顶多十八个团就够了，部队太多将不便于机动。"刘斐的发言代表了与会多数人的意见。

"东战场部队经数月苦战，损失甚重，疲劳不堪，在短期内无法再组织大规模的守城战役，应宣布南京为不设防城市。"白崇禧亮出了自己的观点。

"为章（刘斐的字）兄的意见有道理。南京是国际观瞻所系，守是应该守一下的，至于如何守法，值得再加考虑。"蒋介石如是说。会议没有作出最后的决定。

两天后，蒋介石再次在他的官邸召集高级幕僚会议，出席会议的除上次参加者外，又增加了军委会执行部主任唐生智和南京警备司令谷正伦等人。

"南京守不守呢？我看总是要守的吧。"蒋介石再次提出了悬而未决的问题。刘斐则再次表达了对南京作象征性防守的意见。

"南京是我国首都，为国际观瞻所系，又是孙总理陵墓所在，如果放弃南京，将何以对总理在天之灵？"唐生智拍案而起，表达了自己的意见。

"孟潇（唐生智的字）的意见很对，值得考虑，我们再研究吧！"蒋介石发表了自己的看法。

其实，对于守卫南京的问题，蒋介石也很纠结，他知道守是肯定守不住的，不守则又无法向全国人民和国际社会交代。他在 1937 年 11 月 26 日日记中写道："南京城不能守，然不能不守，对上对下对国对民无以为怀矣。"

一天后，蒋介石召集参加上次会议人员举行了第三次高级幕僚会议。主要是商讨留守人员。

蒋介石看中了唐生智，他对唐说："关于留守南京的问题，要么就是我留下，要么就是你留下。"

"你怎么能留下呢？与其是你，不如我吧。"身体虚弱的唐生智已决意留守南京："军人以身许国，当此危难之际，何能畏难以求苟安？我愿意勉为其难，一定坚决死守，与南京城共存亡！"

"你看把握如何？"蒋介石问。

"我只能做到八个字：'临危不乱，临难不苟'。"唐生智的回答有些激动。

"就这么办，有什么要准备的，马上办，可让孟潇先行视事，命令随即发表。"蒋介石吩咐何应钦。

11 月 19 日，蒋介石手令特派一级陆军上将唐生智为南京卫戍司令长官。11 月 24 日国民政府正式发布任命唐生智为南京卫戍司令长官的公告。

就在蒋介石确定唐生智留守南京后，11 月 20 日，国民政府正式发表移驻重庆宣言："国民政府兹为适应战况，统筹全局，长期抗战起见，本日移驻重庆。此后将以最广大之规模，从事更持久之战斗，以中华人民之众、土地之广，人人抱必死之决心，以其热血与土地凝结为一，任何人力，不能使之分离，外得国际之同情，内有民众之团结，继续抗战，必能达到维护国家民族生存独立之目的。"

11 月 27 日，刚刚就任首都卫戍司令长官的唐生智，接受了中外记者的采访。他在谈话中表示了誓死守城的决心："中国为一爱好和平之民族，从不侵略他国，迨九一八后，日本以数十年之准备，大举进犯中国国土。中国在物质上虽乏准备，但精神上则具无上之抵御决心。自卢沟桥事变以来，我军在各地多遭挫败，但吾人将屡败屡战，至最后胜利为止。本人奉命保卫南京，至少有两事最有把握：第一，即本人及所属部队誓与南京共存亡，不惜牺牲于南京保卫战中；第二，此种牺牲定将使敌人付出莫大之代价。"

新组建的首都卫戍部队战斗序列几经调整、充实，至1937 年 12 月上旬最后形成：司令长官唐生智，副司令长官罗卓英、刘兴，参谋长周斓，副参谋长佘念慈。下辖部队有：徐源泉的第二军团（辖丁治磐任师长的第 41 师、徐继武任师长的第 48 师），叶肇的第六十六军（辖谭邃任师长的第 153 师、叶肇兼师长的第 160 师），王敬久的第七十一军（辖沈发藻任师长的第 87 师），孙元良的第七十二军（辖第 88 师），宋希濂的第七十八军（辖第 36 师），俞济时的第七十四军（辖王耀武任师长的第 51 师、冯圣法任师长的第 58 师），邓龙光的第八十三军（辖巫剑雄任师长的第 154 师、李江任师长的第 156 师），桂永清任总队长的教导总队，邵百昌任司令的江宁要塞，萧山令任副司令的宪兵部队以及何知重的第 103 师，霍守义的第 112 师、炮兵 8 团、运输部队。全部守军近 15 万人。

▲许多南京市民冒雨集会表示抗日决心，并把希望寄托在唐生智身上。

　　唐生智在南京现有人员和物质条件的基础上，制订了首都城防计划的概略：

　　一、利用雨花台、天堡城、红山及幕府山已完成的若干工事编成核心阵地；

　　二、命要塞用全力掩护长江的封锁线，并协同核心守备队战斗；

　　三、各守备部队须作物资及械弹上的准备，都要有独立作战的能力。

　　为此，唐生智对所辖部队作了具体部署：以四个军的兵力，组成以市郊汤山、栖霞、淳化、板桥等地为重点的外廓阵地，作为主要阵地；以三个师一个教导队的兵力，组成以城墙为依托的腹廓阵地；以宪兵团和警察总队，在城内维持秩序，采取闭锁式或半闭锁式阵地就地固守。

为了表示破釜沉舟、背水一战的决心，唐生智要交通部长俞鹏飞把下关到浦口的轮渡关闭。

一场激烈的厮杀已经不可避免。

◎ 激战石城

1937 年 12 月初，松井部队未遇多大抵抗，即越过守护南京的屏障吴（苏州）、福（福山）、锡（无锡）、澄（江阴）两道国防线，向南京进犯。

12 月 5 日拂晓，日军先头部队与守卫句容的第六十六军叶肇部队在句容天王寺附近交火，由此拉开了南京保卫战的序幕。

12 月 5 日至 8 日，在日军优势兵力的进攻下，句容首先陷落。其后，南京东郊汤山、半边山以及汤山至龙王山一带的山地为日军占领，南京南郊的湖熟、淳化镇和秣陵关失守，南京西南郊的板桥、大胜关也被日军占领。至此，日军已夺得了我守卫南京各部队的第一线阵地，并形成对南京的包围态势。

12 月 7 日，抱病在身的松井石根在苏州签发了《攻占南京城要领》。要领规定："在南京守城司令官或市政当局尚留在市内的情况下，设法劝告其开城以和平方式入城。此时，各师团各选派步兵一个大队（即一个营）为基干的部队先入城，在城内分地区进行扫荡。在敌之残兵仍据城进行抵抗的情况下，将到达战场的全部炮兵展开，进行炮击夺取城墙，各师团以步兵一个联队（即一个团）为基干的部队进入城内进行扫荡。"

12 月 8 日，侵华日军在完成对南京包围之后，松井石根决定对中国军队实行劝降："12月9日，派飞机到南京城内散发劝降书。中国军队如果不愿投降，从10日正午起，向南京城发起总攻击。"

▲《东京日日新闻》1937年12月10日刊登的松井石根签署对南京的"劝降书"

12月9日正午，南京城内警报大作，一群日机与往常一样，从东边飞向南京城，市民们纷纷躲进防空洞。然而，与往常不一样的是，人们没有听到炸弹声，也没有听到机枪的扫射声，从空中飘下的是如雪片般的传单。

印有松井石根"劝降书"的传单，很快就送到了唐生智的办公桌上。唐生智拿起传单，只见上边写着：

百万日军，业已席卷江南，南京城正处于包围之中，从整个战局大势看，今后的战斗有百害而无一利。南京是中国的古都，民国的首府。明孝陵、中山陵等古迹名胜猥（wěi委、众、多）集，实乃东亚文化荟萃之地。日本军对负隅顽抗的人将格杀勿论，但对一般无辜之良民及没有敌意的中国军队将是宽大为怀，并保障其安全。特别是对于东亚文化，更将竭尽全力予以保护。然而，贵军如果继续抵抗的话，南京将无法免于战火，千年的文化精髓将会毁于一旦。十年的苦心经营也将化为乌有。本司令官代表日本军，希望根据下列手续，与贵军和平地接交南京城。

对本劝告的答复安排在 12 月 10 日中午，地点在中山路句容道的警戒线上。贵军派司令官代表和本司令官代表在该地进行接收南京城所必要的协定的准备。如在指定的时间内未得到任何答复。我军将断然开始进攻南京。

大日本军总司令官　松井石根

"真是岂有此理！"唐生智愤愤地将"劝降书"撕碎，扔在地上，还不觉解恨，又抬脚踩了几下。

很快，唐生智从暴怒中冷静下来，他知道，日本的"劝降书"无疑是最后的通牒，预示着日军即将展开对南京城的总进攻，最后的时刻已经到来。

站在大幅的作战地图前，唐生智在进行紧张的思考。良久，他叫来作战参谋，口授命令：

本军目下占领复廓阵地为固守南京之最后战斗，各部队应以与阵地共存亡之决心，尽力固守，决不许轻弃寸土，摇动全军，若有不遵守命令擅自后移，定遵委座命令，按连坐法从严办理。

各军所得船只，一律缴交运输司令部保管，不准私自扣留，着派第七十八军军长宋希濂负责指挥。沿江宪、警，严禁部队散兵私自乘船渡江，违者即行拘捕严办。倘敢抗拒，以武力制止。

唐生智的命令以"卫参作第三十六号"于9日晚7时下达到卫戍部队各军、教导总队暨各直属部队。命令显示：唐生智及所属部队将作背水一战。

宋希濂根据唐生智的命令，令212团协同宪、警部队办理收缴船只事项，并在沿江贴出告示，严禁私自渡江：

无司令长官公署通行证而渡江者，认为私行渡江。

私行渡江不服制止者，准一律拘捕转送核办。

12月10日清晨，中国守军在唐生智的指挥下，用猛烈的炮火，回答了日军的"劝降令"。

"南京之战事，不因日军司令官松井石根致牒唐生智将军要求和平入城而比较缓和，抑且光华门、通济门、中山门一带之战事，更形激烈，自朝至午，未有片时停息，华军对于死守南京，至为坚决，予日军以重大打击。"《申报》记者向全世界及时报道了南京军民的战斗。

12月10日正午12时，经过长达八小时长途颠簸，乘车刚刚抵达南京中山门外日方步兵哨线的日华中方面军副参谋长武藤章等人正在引颈向城内张望，他们期待着中国投降代表的到来。

时间一分钟一分钟地过去了，时针已指向12时30分，除了隆隆的枪响声，根本没有中国投降代表的影子出现。在寒风中站立了半个多小时的武藤章等人，只好悻悻地上车返回苏州复命。

日本侵略军为中国军队的拒降而恼火，午后1时，松井石根正式下达了总攻南京的命令："一、支那军不接受我军之劝告，仍在顽强抵抗。二、上海派遣军与第十军，当继续南京攻城战，并扫荡城内之残敌。"

自此，中日两军，在南京城的东、南、西郊，开始了更加猛烈的战斗。南京全城笼罩于战火之中。

▲最精锐的中央教导总队在紫金山誓死防守，一直战斗到南京市中心被日军攻陷。

紫金山战斗。 紫金山又称钟山，位于南京东郊。这里三峰并起，蜿蜒如龙，气势雄伟。孙中山先生的陵墓即建修在此。防守紫金山的是黄埔一期生、曾留学德国步兵学校的桂永清率领的教导总队。教导总队是一支精锐之师，装备精良，素有"蒋介石的铁卫队"之称，辖有六个步兵团及炮兵团、骑兵团、工兵团、辎重团，共有 4 万余人。12 月 8 日下午，日军中岛今朝吾指挥的第 16 师团一部，在猛烈炮火掩护下，向位于紫金山第二峰与第一峰之间的老虎洞发起冲锋。守卫老虎洞的是教导总队的一个营。在营长罗雨丰的指挥下，他们凭借有利地形，居高临下，打退了日军一次又一次的进攻，山坡上到处是日军的尸体。12 月 9 日拂晓，一群日机飞临老虎洞阵地上空，倾泻下成吨的炸弹，日军的大炮也向该阵地猛烈炮击，老虎洞笼罩在炮火之中。随后，日军步兵再次向老虎洞发起冲锋。从战壕里钻出的守军抖落掉浑身的泥土、碎石，重新投入了战斗。下午，日军施放了更多的炮弹和燃烧弹，守军伤亡大半，罗雨丰壮烈殉国，老虎洞失守。10 日，日军又出动 30 多架飞机，并以更为猛烈的加农炮轰击紫金山的西山、陵园新村和第二峰主阵地。炮击之后，日军坦克分两路出动，引导着集团步兵发起冲锋。守卫阵地的教导总队反坦克炮连在连长王峻的率领下，冒着猛烈的炮火，奋起还击。激烈的战斗持续了三天三夜，阵地上到处是两军留下的尸体。但是，日军已决心不惜一切代价攻占紫金山，打开攻入南京城的东大门。增援日军源源开来，中国守军损失惨重。12 日下午 6 时，紫金山第二峰阵地被日军攻破。松井石根在战后也不得不承认："南京教导总队曾进行相当勇猛的抵抗。"日军第 9 师团在其战史中写道："据守紫金山的敌军虽然是敌人，但的确很勇猛，他们也战斗到最后一个人。明知结果肯定是死，但还是顽强抵抗，一直奋勇地阻挡我军的进攻。"

杨坊山战斗。杨坊山地处南京东北郊、紫金山阵地左侧，地扼沪宁铁路线和尧化门通向南京公路的要冲，地势十分险要，是南京东北方向的重要屏障。守卫此地的是第二军团徐源泉麾下的第 48 师 288 团 3 营。12 月 11 日清晨，日军 10 余架飞机和 30 余门大炮向杨坊山阵地发起猛烈轰炸，山上工事被炸平。随后，日军步兵 2000 余名，在 16 辆坦克的掩护下，将杨坊山团团包围，频频实施进攻。在营长陈庆勋的指挥下，守军奋起还击，打退了日军一次又一次的进攻。但是，日军炮火太强大了，经过反复多次的厮杀，3 营官兵几乎全部壮烈牺牲，陈庆勋身负重伤被救下火线，杨坊山被日军占领。随后，日军又向附近的银孔山发起攻击，守军 283 团 1 营在营长单喆渊的率领下，血战半日，伤亡殆尽，银孔山终于失守。

血战光华门。12月9日，东线之敌第9师团约2000余人，在40辆坦克的引导下，在我第51师撤退，第87师换防立足未稳之际，跟踪追击，越过上坊镇、高桥门、七桥瓮和中和桥，于拂晓时分进抵光华门外，并占领了大校场和通光营房。守卫光华门的仅有一个团和教导总队的少数部队。他们见日军来势凶猛，急忙将城门关闭，据城墙抵抗。中午，日军集中野山炮轰击光华门。随着一颗炮弹爆炸的巨响，光华门被炸开一个缺口，日军一部突入城墙，被我守军259旅消灭。但日军后续部队在坦克的掩护下，源源向城墙缺口涌来。光华门处于危急之中。261旅奉命由中山门外火速前往增援。在旅长易安华、陈颐鼎的指挥下，259旅和261旅官兵与日军在城墙上展开了激烈的白刃格斗，喊杀声和日军的哀叫声响成一片，整个阵地烟火弥漫，几次冲进城内的日军均被守军全歼。激战中，259旅旅长易安华、团长谢家珣、261旅参谋主任倪国鼎等官兵为国捐躯。10日夜，第156师选派敢死队坠城，将潜藏在城门洞圈内的少数日军歼灭，并将盘踞在通光营房内之日军歼灭。光华门转危为安。但是，日军并不甘心失败，11日中午，日军又以重炮将光华门附近的一段城墙炸开一个大豁口，200余日军登城，我306团将其击退。但因受光华门外中和桥和老冰厂两处敌火力压制，守军损失惨重。12日，日军组成数支敢死队，从不同方向冲过护城河，连续向城门突击，并将光华门占领。其后，守军虽多次组织反攻，但均未奏效。

雨花台战斗。位于南京南郊的雨花台是南京正南面的一个重要防御阵地。台高100米，长约3500米，由西向东，有石子岗、凤台岗和梅岗三岗，被称为南京的南大门。防守雨花台

▲日军在坦克掩护下进攻中华门

阵地的是第七十二军即第 88 师的 262 旅朱赤部和 264 旅高致嵩部。向雨花台阵地进攻的是日军第 6 师团和第 114 师团。12月 9 日，日军以两个联队的兵力向雨花台左翼阵地发起猛攻，担负守卫的第 264 旅，在旅长高致嵩的率领下，凭借有利地形，以猛烈的火力，打退了日军一次又一次的进攻，同时自己也付出了惨痛的代价。11 日，高旅全部兵力均投入战斗，而日军援兵则源源开来，双方战斗达到白热化程度。当敌军冲到阵地前沿时，高致嵩一声令下，全体将士跃出战壕，与日军展开了激烈的白刃战。阵地上，刺刀的撞击声和"啊""啊"的惨叫声交织在一起，敌我双方战士的鲜血染红了山冈。中国守军又一次击退了日军的进攻。12 日，在上百架飞机和大炮的掩护下，数千日军再次向守军阵地展开了猛烈进攻，此时，高致嵩手中已无可调动之兵，弹药已逐渐告罄。高致嵩知道，大局已无可挽回。但是，他们没有后退，高致嵩身先士卒，跃出战壕，高喊着"弟兄们，跟我冲！"带领官兵们勇猛地杀向敌阵，以血肉之躯与日军展开了最后的搏斗。战场上杀声震天，鲜血飞溅。战士们的刺刀拼弯了，就与敌人抱在一起厮杀扭打，一起滚下山底，同归于尽。短兵相接中，高致嵩的耳朵被日军咬掉一只，鲜血直流，他顾不上包扎，忍着剧痛，率领为数不多的官兵进行最后的冲杀。硝烟中，喊杀声逐渐停息，枪声也渐渐稀疏。高致嵩和他的将士们将最后一滴血也洒在了雨花台上。

与此同时，朱赤率领的 262 旅也在雨花台右翼阵地上与日军展开了激烈的厮杀。12 月 11 日，在一阵猛烈的炮火之后，数千日军发起了集团冲锋，山坡上散开的日军，密密麻麻如蚂蚁般向高地涌来。朱赤亲临第一线，沉着指挥战斗。一阵激烈的枪声和手榴弹的爆炸声后，日军在丢下数百具尸体后，退缩回去。但是，日军并不甘心失败，次日清晨，日军飞机和重炮对雨花台阵地展开了更为猛烈的轰击。硝烟中，一队队守军倒下了。炮火一停，更多的日军再次向阵地冲来。"宁为战死鬼，不做亡国奴！""我们要与阵地共存亡！"朱将军的话在全体官兵的耳边回响，活着的士兵从泥石中跃起，更勇敢地投入了战斗。日军则以更猛烈的炮火向守军阵地轰击。山头上，土石翻滚，血肉横飞，更多守军的生命被无情的炮火吞噬。朱赤将剩下的部分官兵聚集在一起，命令把几十箱手榴弹的盖子全部打开，用绳子穿起导火线，摆在阵地前。当日军攻至阵地前沿时，几百枚手榴弹同时引爆，日军血肉横飞，尸横遍野。日军再次发起进攻时，已是弹尽粮绝的中国守军，在肚肠被炸出的朱赤带领下，仍在进行最后的抵抗。一颗尖叫的炮弹飞来，落在了正在指挥战斗的朱赤旅长的身旁，一声巨响，朱赤和身边的士兵们倒在了一起。经过多次反复冲击，在付出重大伤亡后，日军终于占领了雨花台，262 旅官兵几乎全部阵亡。

中华门战斗。中华门位于南京城正南，南北长 128 米，东西宽 90 米，前后共有四重城门，筑有 23 个藏兵洞，号称可以藏兵三千。秦淮河在城前横贯东西，更增强了其军事价值。守卫中华门城堡的是第 88 师和第 51 师。12 月 9 日，日军第一次出现在中华门前，在猛烈炮火的掩护下，他们搭起了军便桥，试图借此攻入城内。第 88 师官兵，以猛烈的射击阻击他们前进。枪声中，一个个日军从桥上跌入秦淮河，泛起一阵阵血水。但是，仍有近百名日军冲过桥来，并在城堡下垒起沙包，建起了桥头工事。中国守军依据城堡从左右两翼向日军交叉扫射，日军被压得抬不起头来。紧束在一起的手榴弹在日军中间炸开。硝烟中，一队队勇敢的中国守军手执大刀杀入敌阵。伤亡惨重的日军被迫退过河去。12 月 10 日，日军在炮火和坦克的掩护下，再次向中华门发起攻击，但再次无功而返。11 日，卫戍司令部副司令长官罗卓英亲至中华门阵地指挥杀敌。12 月 12 日，一场更为激烈的战斗在中华门城堡展开。30 余架日机在中华门上空盘旋，倾泻下成批成批的炸弹，一发发重磅炮弹也由被日军占领的雨花台高地飞来，落在高大的城墙上，坚固的城墙在炮火中颤抖，碎石在空中飞舞。正午时分，日军第 6 师团第 47 联队在中华门附近的城墙下架起竹梯，登上了城头，中日两军随之在城堡上展开了激烈的白刃战，城堡上洒满了中日双方士兵的鲜血。当天下午，中华门城楼两侧城垣被源源而来的日军占领。

12 月 12 日，水西门、赛公桥等地也发生了激烈战斗。据档案记载：在赛公桥战斗中，共毙敌 500 余名，缴获轻重机枪 10 余挺、步枪 40 余支，击毁敌战车 4 辆，而中国军队亦伤亡 1700 余名官兵。

▲1937 年 12 月 12 日，日寇炮火击中中华门的瞬间。

◎ 守军撤退

1937 年 12 月 11 日中午，一阵急促的电话铃声在南京百子亭唐生智公馆内响起。唐生智接过电话，耳边传来第三战区副司令长官顾祝同的声音："唐司令长官，委员长已下令要南京守军撤退，你赶快到浦口来，我现在要胡宗南在浦口等你。"

"前线如此紧急，被突破的地方很多，如何撤退？"唐生智问。

"今晚你务必撤退过江。"顾祝同声音中充满了焦虑。

"有许多事情应该与各部队长官交代清楚，才能撤退。不然，以后责任，由谁来负？"唐生智答道。

"你留个参谋长交代一下就行了，今晚赶快过江吧！"顾祝同再次催促。

"那不行，至迟也要到明晚才能撤退。我不能只顾一人的死活，不顾军队。"唐生智斩钉截铁地回答。

下午，唐生智收到了蒋介石发来的"真侍参"撤退令："唐司令长官：如情势不能持久时，可相机撤退，以图整理，而期反攻。"数小时后，蒋介石又一次发来了内容同前的"真戍侍参"撤退令。

与此同时，各阵地告急及被日军突破的消息纷纷汇向唐公馆。唐生智深知：南京沦陷已无可挽回。可要在短短一天时间内就将10万大军安全撤退谈何容易？唐生智召来参谋人员，要他们草拟撤退命令。

12日下午5时，唐公馆前车水马龙，卫戍部队师长以上高级将领会议在此举行，副司令长官罗卓英、刘兴，参谋长周斓，副参谋长佘念慈等出席。由于时间紧迫，部分部队长官未能接到与会通知。

唐生智宣读了蒋介石昨天两次发来的撤退令，随后由参谋长周斓将印刷好的撤退命令发给每人一份。

撤退的原则是"大部突围，一部渡江"。撤退时间选择在当天下午6时至次晨6时之间，规定除第二军团可就地渡江外，只有第36师、宪兵部队及各直属部队可于下关渡江；其余各野战部队，均须自原阵地处，冲出重围，向皖南集中。撤退命令同时要求："要塞炮及运动困难之各种火炮弹药，应彻底自行炸毁，不使为敌利用"；"通信兵团，除配属外部队者应随所属部队行动外，其余固定而笨重之通信器材及城内外既设一切通信网，应协同地方通信机关彻底破坏之"；"各部队突围后运动，务避开公路，并需酌派部队破坏重要公路桥梁，阻止敌之运动为妥。"

当众指挥官在寂静、肃穆的气氛中看完撤退命令后，唐生智缓缓站起身来，用浓重的湖南口音高声说："战争不是在今日结束，而是在明日继续；战争不是在南京卫戍战中终止，而是在南京以外的地区无限地延展。诸君应记住今日的耻辱，为今日的仇恨报复！各部队应指出统率的长官，如其因为部队脱离掌握，无法指挥时，可以同我一起过江。"

说到这里，唐生智对书面撤退令作了重要修正：第 87 师、第 88 师、第七十四军、教导总队，如不能全部突围，有轮渡时可以过江，向滁州集结。

此次会议共进行约二十分钟，便宣告结束。各将领纷纷赶回部队部署撤退。

由于唐生智采取"背水一战"的作战指导思想，已令下关浦口间的两艘轮渡开去汉口。卫戍司令部手中掌握的仅有几艘小火轮和为数不多的民船。按照书面撤退命令，渡江撤退的仅有直属部队、第 36 师和宪兵部队，渡船尚可勉强应付。但由于唐生智对书面撤退令的修正，渡江部队一下增加五个师以上，而同时由于仓促下令撤退，事先缺乏周密安排，致使近 10 万大军撤往江边，造成路堵人挤，部队完全失控。为了逃命，许多士兵抛弃了车辆、行李和武器。

▲中国军队撤退前丢弃的武器堆满了街道

到达江边后，由于人多船少，大量人员根本无法过江。卫戍司令部作战科长谭道平向人们描述了他在江边看到的混乱景象：

沿江码头上，秩序是异常纷乱，枪声这边停了，那边又响了起来，人是成千上万，渡船却只有二三只，谁不想早一刻能够渡过那一条白练似的长江！过长江，在此时已成了生和死的分界线，在种种的混乱恐怖之下，大家都感到生命的脆弱，争夺渡船，彼此互骂互闹，痛哭流涕。一只船刚靠近了岸，便有一群人跳跃上去，冒失地坠入了江里，也没有人来理会他，几百只手紧拖住渡船的船沿，不给它开驶。他们认为也只有上了船，迅疾地离开江南才可以得到安全。船里的人们怒骂着还站在岸上不让他们开驶的人群，船里有几个弟兄，把枪向天空鸣射，但是有什么用呢？在生和死的边缘上，除了上船，什么都是死的邀请。水手竭力把船撑动，可怜，有好多人还紧攀着船沿，随着渡船驶到江里，也有的跌在水里，随着江水流向东方。

随第 51 师师长王耀武从下关过江的 306 团团长邱维达，对江边混乱拥挤的状况，作了更为生动的描述：

我在中山码头停下约一小时，眼见下关一带情形比战场更凄惨！从前线退下的散兵、伤员、后方勤杂部队、辎重、车辆以及眷属、老弱妇孺，把沿江马路挤得水泄不通。一会儿江中的敌舰机关枪扫射过来，侦察敌机掉下几颗照明弹，吓得人群乱窜乱逃，到处是哭声、呼救声、喊声、怨恨声，搅成一片……

渡江逃命的官兵们遇到了溯江而上的日本军舰的扫射，第 87 师副师长兼 261 旅旅长陈颐鼎亲见渡江官兵被日军扫射的情景，他说：

此时敌舰已在江面上横冲直撞，来往梭巡不已，并用枪不断地对我利用各种漂浮器材顺流而下的官兵扫射，被打死或被敌舰撞翻漂浮工具而淹死的人无法计数。

由于渡船太少及南京很快陷落，真正由下关渡江撤退的中国守军并不多，大批拥挤在下关江边的中国守军均成为日军俘虏，并很快惨遭屠杀。

◎ 难民涌进"安全区"

1937 年 11 月中旬，南京已处于风雨飘摇中。

某日，在金陵大学一间办公室内，年轻的学校董事长杭立武正在皱眉思考：上海已经陷落，照目前的势头，南京肯定不保，政府机关及有钱人已纷纷撤离，大多数贫困居民及老弱病残者却只能留住危城。如何才能使这些南京平民在战火中得以保全性命？

猛然，杭立武紧皱的眉头舒展开来，他立即拿起了电话。

同一天下午，杭立武与一群蓝眼睛、高鼻子的外国人——美国人、德国人、英国人还有丹麦人，热烈地交谈着。杭立武将自己的想法向这些外国人和盘托出：仿照法国神父饶家驹在上海设立难民收容所的做法，在南京设立一个难民保护区，以便在形势危急时，使未及撤退的难民有一个躲避的处所。

杭立武的想法，立即得到了这群外国人的赞同。经过多次商议和筹备，11 月 22 日，由 15 名外侨组成的南京安全区国际委员会正式成立，并推举德国西门子洋行南京分行经理拉贝任主席，金陵大学教授、美国人史密斯为秘书，委员有美国人马吉、毕戈林、贝德士、密尔士、德利谟、李格斯，德国人潘亭、史波林，英国人福娄、希尔兹、麦寇、里恩，丹麦人汉森。安全区又称难民区，杭立武被聘为国际委员会的总干事兼难民区主任。不久，杭立武奉命护送朝天宫古物西迁，总干事一职由金陵大学历史系教授贝德士接任。另一位在苏州出生的美国人费奇刚好由西安来宁，经杭立武推荐，被国际委员会聘为副总干事兼安全区副主任，主持安全区的实际工作。

经南京安全区国际委员会慎重调查和研究，决定将美国大使馆所在地和以金陵大学、金陵女子文理学院等教会学校为中心的外国侨民住所集中的地区划为安全区。其范围为：东以中山路、中山北路为界，自新街口起，止于山西路口；北以山西路及其以北一带至西康路之线为界；西以西康路、上海路为界，中经汉口路，直至汉中路口；南以汉中路为界，自上海路口至新街口。整个安全区，占地3.86平方公里，约为整个南京城区的八分之一。

要使安全区真正处于中立、安全的地位，就必须获得中、日双方的认同。为此，国际委员会的成员们紧急行动起来，与南京中国军政当局紧急磋商，并通过美国大使馆及华洋义赈会会长、上海国际救济委员会主席饶家驹与上海日军当局联系。要求中日双方承认"安全区"的中立地位，不驻扎军队，不设立军事机关，不加轰炸。

中国军政当局积极支持安全区的设立。12月1日，南京市市长马超俊将"安全区"的行政权力交给了国际委员会，同时移交的还有450名警察、3万担大米、1万担面粉、10万元美元和一些食盐；国民政府前外交部长张群，将位于宁海路5号的豪华私宅提供给国际委员会作总办公处之用；南京卫戍司令长官唐生智，应国际委员会要求，撤除了"安全区"内的军事设施，并于12月7日下令：所有军队，一律撤离安全区。

但是，与日军的联系并不顺利。11月22日，即国际委员会成立的当天夜里，委员会即通过美国大使馆向上海日军当局发去了关于设立"安全区"的建议，但对方没有回音。11月25日，拉贝利用其德国纳粹党南京地区小组长的身份，直接向希特勒及德国政府致电，请求他们劝说日本政府同意为南京平民建立一个中立区。11月27日，国际委员会又通过美国大使馆向日本驻上海大使发出电报，要求日本当局对建立"安全区"予以友善考虑。与此同时，南京安全区的地图也通过饶神父交给了上海日本方面的司令官。终于，日军当局在表明"对于规定的区域颇难担负起不轰炸之责"的同时，也表示："难民区内倘无中国军队或军事机关，则日军不致故意加以攻击。"

于是，安全区的界址上插起了一面面白底上有一个红圆圈，圈内有一红十字并书有"难民区"三字的旗帜，安全区也正式对外开放。难民们扶老携幼，带着吃的、穿的、用的物品及家中最值钱的东西，来到"安全区"。红十字会、红卍字会等慈善机构在区内设置了五所粥厂，向贫苦无依的难民施粥。

▲南京安全区国际委员会和国际红十字会南京委员会部分成员合影。左起：马吉、密尔士、拉贝、史迈斯、史波林、波德希伏洛夫。

12 月 8 日清晨，路透社记者在对难民区进行调查采访后，发出了如下电讯：

难民区已挤满居民，尚有数千人仍继续迁入。通至该区之各巷，汽车拥挤，几不能通行，随地可见各避难者坐于彼等所携少数所有物之上，静候安插住处。安全区国际委员会已接收区内之各处公共建筑、学校、大学、最高法院、军校及华侨俱乐部等，以便容纳涌入该区之难民。以上各处房屋，大约可容 6.5 万人，惟现时已入该区之人民共达 8 万人。安全委员会已发表管制规则，请迁入区内居住者，对于住处应尽力作私人之接洽，因各处公共建筑及机关之房屋，将留作收容最贫苦之难民，此后更拟向空屋之房主接洽，免费供无家可归者居住。

12 月 10 日，侵华日军向南京城发起总攻。一时间，南京四周大炮轰鸣，枪声不断，硝烟弥漫，火光冲天，处于惊恐、困厄中的南京居民，纷纷逃出舍不得离开的祖屋，涌入安全区乞求国际委员会的保护。

难民区内的人数在骤增：10 万、20 万、25 万……一幢幢机关、学校大楼的大门被打开，国际委员会为安置难民而先后设置的交通部大厦、五台山小学、汉口路小学、陆军大学、小桃源南京语言学校、军用化学厂、金陵大学附中、圣经师资训练学校、华侨招待所、南京神学院、司法院、最高法院、金陵大学蚕桑系、金陵大学、德国俱乐部、金陵女子文理学院、农村师资训练学校、山西路小学等 25 所难民收容所很快就人满为患。金陵大学收容了约 3 万人，全部学生宿舍和教室、体育馆，以及新建成的图书馆内，都住满了难民。金陵女子文理学院收容的妇孺也达到了 9000 人，连走廊上都挤满了难民。

难民仍在源源不断地涌入，国际委员会不断辟出新的单位和建筑物，作为难民暂时栖身的场所。安全区内所有的私人房屋也很快住满。后来者因找不到现成的住处，只好用芦苇、茅草在空地上搭起了一个个勉强可以安身的简陋茅棚。据统计，到 12 月 16 日，安全区内难民人数达到了 29 万人。

▲难民进入安全区

◎ 南京失陷

就在中国守军奉命交替撤退之时，日军也加快了进攻南京各城门的步伐。至 12 月 13 日凌晨，南京各重要屏障相继失守，金陵城头飘起了太阳旗，各路日军蜂拥进城。

而与此同时，由日军国崎登率领的国崎支队在相继攻占广德、郎溪、太平、当涂后，于 12 月 12 日日暮时分占领江浦县城，并于 13 日下午占领浦口车站，到达长江北岸，切断了南京守军的北撤退路。

▲沦陷前的南京下关江面

　　侵略者的战车，经过被炸毁的城墙，辗过南京军民的尸体，隆隆开进了古城金陵。日本随军记者铃木二郎描述了光华门附近的情景：

▲12月17日，侵华日军举行攻占南京入城式。图为日军华中方面军司令官松井石根及部属沿中山东路进入南京。

通向光华门的马路两侧都是长长的壕沟，里面填满了烧得焦烂不堪的尸体，铺在马路上的许多木头下面，也有尸体，手脚飞出在外，活像一幅今世的地狱图。

我看到履带发出转动声音的坦克，无情地压在上面飞驰而过。尸体的臭气和硝烟弥漫的臭气一起散发出来，犹如置身于焦热的地狱、血池的地狱。

大地在颤动，无辜平民的鲜血在流淌。攻入南京城的侵略者按照既定的"扫荡"计划，对手无寸铁的南京平民和放下武器的中国士兵开始了惨无人道的血腥大屠杀。昔日美丽繁华的南京城变成了人间地狱。

血 腥 屠 杀

南京沦陷后，为了摧毁中国人民的抗日意志，迫使中国政府俯首，在日本政府、军部及日本战地最高指挥官松井石根、朝香宫鸠彦等人的主使、纵容和指挥下，侵华日军采用极其野蛮的手段，有预谋、有组织地对无辜平民及解除武装的中国军人进行了长达六个星期的血腥大屠杀。

日军在南京下关江边、草鞋峡、煤炭港、上新河、燕子矶、汉中门外、中华门外花神庙等地制造了多起集体屠杀事件，还实行了无时不有、无处不见的分散屠杀。无论城外还是城内，无论主要干道还是偏僻里巷，无论军政机关还是居民住宅，都成了日军肆虐的场所，甚至连寺庙庵观也不放过。屠杀之后，日军又采用抛尸入江、火化焚烧、集中掩埋等手段，毁尸灭迹。霎时，南京城内外，尸横街巷，焦骸遍野，河渠尽赤，滚滚长江里漂浮着无数的冤魂。据战后调查统计，被日军集体屠杀的军民达 19 万人以上，零散屠杀的达 15 万多人，总计被害人数达 30 万以上。

日军屠杀南京人民的手段残忍至极，有砍头、刺杀、枪击、活埋、火烧，甚至"杀人竞赛"。真是惨无人道，天怒人怨。诚如曾亲眼目睹日军暴行的德国驻华使馆政务秘书罗森在给德国外交部关于"南京惨案"报告的序言中所言：

日军简直失去了理性，粗暴地践踏人类文明准则，对中国平民及战俘枪击、刀砍、活埋、火烧……无所不用其极。南京已成了人间地狱，血流成溪，尸积如山……整个日本军队如同一架疯狂的绞肉机器，吞噬了几十万中国人的生命。

这场大屠杀的受害者，大多是无辜的工人、农民、商人和一般市民，也有一小部分是放下武器的中国士兵和警察。一向以慈悲为怀的僧尼和天真无邪的孩童也不能幸免。

日军在南京的暴行，为现代世界文明史留下了最为黑暗的一页。

◎ 罪恶的"屠杀令"

在南京对放下武器的中国军人和无辜平民实施屠杀，是日本侵略者的既定计划。早在日军对南京城发动全面进攻的前

▲日军将放下武器的中国士兵及青壮年平民捆绑在一起押往郊外集体枪杀

夕，日华中方面军司令官松井石根曾对谷寿夫、牛岛、中岛、末松四个师团长说：

"南京是中国的首都，占领南京是一个国际事件，所以必须作周详的研究，以便发扬日本的武威，而使中国畏服。"

南京沦陷后，数万中国军人成为日军的俘虏，或放下了手中的武器。如何处理这些俘虏的请示，一级一级地送到了日华中方面军司令部及上海派遣军、第十军司令部。

松井石根在听到下层报告"难民中杂有军人"的时候，断然下令："混杂的军人都应以纪律肃正。"

上海派遣军司令官朝香宫鸠彦于 12 月 8 日到达南京郊区司令部，当他接到部属如何处置俘虏的请示后，出于希望在战场上表现一番的动机，发出了由他个人盖章签署的命令："机密。杀掉全部俘虏。阅后销毁。"

从华中派遣军军部至各师团、旅团乃至大队、中队，日军均相继下达了屠杀令。数以万计的中国人遭到血腥屠杀。

日军第 16 师团师团长中岛今朝吾，是一个心狠手辣的家伙，他忠实地执行了屠杀中国军民的命令。他在南京沦陷初期的"阵中日记"中记载：

近几日，溃败的敌人，大部分逃进我第 16 师团作战地域内的森林和村庄，其中有从镇江西要塞逃过来的人，俘虏到处可见，达到难于收拾的程度。因采取大体不留俘虏的方针，故决定全部处理之。然对 1000 人、5000 人、10000 人之众，解除全部武器都很困难。唯一办法，是等他们完全丧失斗志，自己排队来降，较为稳妥。

据知，光是佐佐木部队就处理掉约 15000 人，守备太平门的一中队长处理掉 1300 人，现集中在仙鹤门附近的，约有

7000—8000 人，需要一个相当大的壕沟，很不容易找到。所以，预定把他们先分成 100 人、200 人一群，然后诱至适当地点处理之。

中岛今朝吾日记中所说"处理"，实际上就是屠杀的代名词。

第 16 师团第 30 旅团旅团长佐佐木到一，于 12 月 14 日凌晨 4 时 50 分下达了一道命令："遵照师团命令，各联队可以容纳俘虏投降，但最后须将之击灭。"

12 月 13 日，日军第 13 师团第 103 旅团第 65 联队在乌龙山、幕府山一带俘获了 14777 名中国军人。日随军记者秦贤助在其著作《沾满了俘虏血迹的白虎部队》中记载了对这批俘虏处理的经过："军司令部曾向中央（参谋本部、陆军省）请示了几次，最初发来的训电是：'好好谋划！'这一命令很不明确，也没有关于处理俘虏的方法。一再请示后，发来的训电也是'研究后处理！'如何研究好呢？军司令部觉得为难，于是第三次请示，得到的命令是'由军司令部负责处理！'军司令部认为中央的态度暧昧。为迎接朝香宫中将而举行的入城式迫在眉睫，军司令部十分焦急。'杀掉吧'，军司令部就轻易地作出了这样的结论。"

第 103 旅团旅团长山田栴二在回忆录中也证实：1937 年 12 月 16 日，为处理 14777 名俘虏，曾派相田中尉直接到派遣军司令部请示，最后从军司令部得到了"全部处理掉"的命令。

第 13 师团的"战斗详报"中，清楚地记载着关于对俘虏处理的"指示"："俘虏数量多，射杀难，应于武装解除后，集中一处予以监视，并报告师团部为要……但小量之俘虏，除必要之讯问外，即予适宜处置之。"

▲日军第13师团步兵第65联队（两角部队）将放下武器的约1.5万名中国军人集中在幕府山一带准备加以屠杀

华中方面军所属的另一支部队是柳川平助率领的第十军。在第十军中，也同样执行着屠杀俘虏的方针。该军所属的第114师团第66联队第一大队的《战斗详报》中记载了12月13日下午屠杀俘虏的情形：

午后3时整，从联队长接到如下命令：甲、根据旅团部命令：俘虏全部杀掉。其方法可以十几名为一组枪杀。……

下午3时30分，集合各中队长就俘虏处理问题交换意见，经过讨论决定，把俘虏平均分给各中队（第一、第三、第四中队），以50名为一组，由大监禁室带出，第一中队在宿营地南谷地，第二中队在宿营地西南洼地，第四中队在宿营地东南谷地附近，刺杀这些俘虏。监禁室必须配置重兵警戒，将俘虏带出时，注意绝对不能让他们有所察觉。

各部队于下午 5 时准备完毕，开始刺杀，约下午 7 时 30 分刺杀结束。向联队报告。

在日军的屠杀政策下，不仅俘虏及放下武器的中国军人遭到屠杀，手上有老茧和剃光头的青壮年男子甚至妇女儿童也不能幸免。美国驻南京副领事埃斯皮向远东国际军事法庭提供的报告说："在 12 月 13 日晚上和 14 日早晨之前，暴行发生，先是日本军的分遣队奉命扫荡残留在城墙内的中国军人，把他们一网打尽。日本军对市区内的马路和建筑物进行了仔细搜索。所有当过兵的人及可疑分子，一个个均遭到枪杀……日本军几乎不管他们过去是否当过兵，是否确实在中国军队里干过事，只要是稍有一点军人嫌疑的人，都一律带走枪杀了。"

曾任南京安全区国际委员会副总干事的费奇，在向远东国际军事法庭提供的证词中也指出："日本人从我们宿营的地方抓人时，不遵守任何规定。他们把手上有老茧和剃光头当作曾经当过兵的充分证据，认为务必判以死刑。在我们宿营的地方，几乎都受到军队的侵入，他们想要枪杀谁，就把谁拉出去。"

日军第 6 师团步兵第 23 联队第四中队伍长供认："我在中队长尾形的指挥下，率领部下 10 名与中队主力 100 名一同从破坏口侵入城内，持枪侵犯中国平民的住家 240 户，逮捕中国妇女两名（病人，俱为 22 岁）及抗日军少尉军官刘某（男，22 岁），并将中国和平人民男女老少 2400 名驱至东北方下关，在下关及长江上的舟筏里，以重机枪及步枪，将他们做了大屠杀。"

1907 年《海牙第四公约》所附《陆战规则》第二十三条规定："（禁止）背信弃义地杀死或杀伤属于敌对国家或军队

之人，杀死或杀伤已经放下武器、无自卫手段或已确定投降者。"1929 年 7 月 27 日由世界上多数国家签订的《日内瓦战俘待遇公约》更明确规定："战俘系在敌对国家的权力之下，而非为捕捉他们的个人或军队所有；他们必须在所有时刻给予人道方式的对待与保护，特别不遭受暴力侮辱与公众好奇心之行为。对俘虏报复之措施，应予禁止。"日本侵略军在南京下达"屠杀令"并大规模屠杀战俘及平民的行为，公然违背了国际法准则，这是战争史上的丑剧、人类的悲哀，它充分说明了日本侵略者是一伙十足的强盗、野兽。

◎ 扬子江变成一条死尸之河

扬子江与黄河一样，是一条中华民族的母亲河，她曾孕育了古老灿烂的中国文化。但在日本侵略者的血腥屠杀下，江边、江中，到处是无辜中国平民及放下武器的中国军人的尸体。一江血水，满目尸首。

日军第 6 师团所属辎重第 6 联队的一名小队长高城守一，12 月 13 日随部队从中华门入城后，14 日因去下关补给粮草，目睹了下关岸边尸横遍野的惨状：

在汀线，尸体像漂流的木头被浪冲了过来；在岸边，重叠地堆积着的尸体一望无际。这些尸体差不多像是来自南京的难民，可能有几千、几万，数目大得很。

死尸的情况活生生地说明，从南京逃出来的老百姓，无论是成人或儿童，他们一律遭到机枪、步枪的扫射，遭到杀戮。一路上枕藉着的尸体，连他们是中国老百姓还是士兵、是男是女也无法辨认，因为这些死尸遭到射击后倒在地上重叠在一起，并被浇上汽油，点火焚烧。在焚烧过的尸体中，无疑也有许多想来是儿童的尸体。总之，几乎都是老百姓。我从未见过如此悲惨的情景。

▲村濑守保拍摄的下关长江边日军将屠杀后的尸体浇上汽油加以焚烧的情景

日本《朝日新闻》随军记者今井正刚则亲眼目睹了12月15日发生在长江边的血腥大屠杀，他在一篇证言中描写道："我于12月15日夜间，在大方巷朝日新闻办事处前面马路上，看到数千人头攒动，一望无际的中国人群，被赶赴下关屠场。我跟随到那里，在天色微明的扬子江畔，目击了这样一幕大屠杀的悲惨情景：在码头上，一片黑黝黝的尸体堆积如山，在尸山里蠕动着人影，总有50人乃至100人以上，转来转去拖着尸体——微弱的呻吟、滴沥着鲜血、抽搐着手脚——丢向江流里去。他们不声不响地忙个不停，就像在演哑剧。在朦胧中，渐渐可以看到长江的对岸，码头上到处像月夜泥泞一般，闪烁着微微的光亮，哇！那是血渊！过了一会儿，作业完结，苦力们被排列在长江岸边，哒！哒！哒！一阵机关枪声，只见他们仰面朝天，翻身扑地，腾空跃起——都跌落江中，被滚滚波涛卷走。据在场作业的一个日本军官说，'这样被杀害的中国人大约是两万人。'"

日军第16师团步兵第20联队士兵东史郎，曾经参加对南京的攻占，他于1937年8月至1938年9月的一年多时间内，写有详细的战地日记。他在1938年1月23日的日记中，详细记载了他由下关登船离开南京时看到的惨状："运输船起重机发出'哐啷、哐啷'的巨大声响，天已经亮了。天一亮，一幅凄惨的景象就展现在我们面前。扬子江河岸上如小山般堆满了被像牲畜一样虐杀的散兵尸体。这些尸体已经变成瘆人的黑色，像被充满了空气似的肿胀起来。真像是肥猪的死尸。黄色的河水哗啦啦地冲洗着这些肮脏的黑尸。有些尸体，像圆木头似的在水面上荡来荡去。有的尸体成了交通船的肉垫。这些尸体一踩上去，如烂泥般恶臭的内脏就会流出来。士兵们踩着这些尸体，打了掌的靴子发出'咚咚'的声音，跳上船去。"

据档案记载及幸存者回忆，1937 年 12 月发生在长江边的集体屠杀事件规模较大的主要有：

12 月 15 日，日军将平民和放下武器的军人 9000 余人，押往鱼雷营，以机枪射杀。

12 月 16 日，日军将聚集在华侨招待所的难民 5000 余人，押往中山码头用机枪射杀后，弃尸江中。

12 月 16 日，日军将大方巷难民区内青年单耀亭等 4000 余人押往下关，用机枪射杀。

12 月 17 日，日军将从各处搜捕来的军民和首都电厂工人等 3000 余人，一部分在煤炭港至上元门江边用机枪射毙，一部分用木柴烧死。

12 月 18 日，日军将圈禁于幕府山下的难民和被俘军人共 57000 余名，驱至草鞋峡，用机枪扫射，并以刺刀戳杀，浇油焚尸，将尸骸投入江中。

▲长江边被日军集体屠杀的中国人的尸体

12 月间，日军将被俘军人及难民 28000 余人，在上新河地区用机枪扫射，或以柴草、煤油活活烧死。

12 月间，日军将解除武装的中国军人及难民 50000 余人，以机枪射杀。

12 月间，日军在宝塔桥、鱼雷营一带江边杀死无辜青年 30000 人以上。

◎ 中山码头：5000 名难民遭杀害

1937 年 12 月 16 日傍晚，北风呼啸，宽阔的中山北路上，一群穷凶极恶的日本士兵，一路吆喝着，将几千名无辜南京难民，押往下关江边中山码头。

走在队伍最前面的，是一支全副武装、手持日本国旗的日本士兵；随后，是 30 多名放下武器的中国士兵和警察；再后面，则是 5000 名难民。难民中既有普通的平民，也有身着袈裟的和尚及穿着绿衣的邮差。队伍两旁，是子弹上膛、端着刺刀的日本士兵，他们不时地用枪托敲打走不动或走得较慢的难民。30 多挺机枪在军马的驮运下，随队而行。走在队伍最后的，是骑着高头大马的日本军官。

队伍到达下关中山码头时，天已完全黑了。日军令南京难民沿长江边坐下，淡淡的月光下，只见几十挺机枪一字排开，每隔数米即有一架，机枪旁边则是手持步枪的日军士兵。

突然，"砰"的一声枪响，打破了江边的寂静，随之，雨点般的机枪、步枪子弹射向手无寸铁的无辜中国难民，难民们成片成片地倒下。枪声中，还不时夹带着"打倒日本帝国主义"的呼声和受伤难民的惨叫声、呻吟声。一些难民，不顾死活，纵身跃进滚滚东流的冰冷长江中。

　　日军见有人跳江，即将机枪子弹射向江面，并不时地向江中投掷手榴弹。手榴弹的爆炸声，掀起层层波浪和冲天水柱，并不时将断头断臂抛向空中。

　　随后，日军又将携带的几十桶汽油浇在难民的尸体上，并点火焚烧。火借风势，立即燃烧起来。一些受伤未死者，经不住火烤烟熏，痛苦地挣扎着爬起来，迎接他们的则是在月光、火光下泛着亮光的日本刺刀。

　　江水呜咽，扬子江在哭泣。5000 名中国难民除少数几人因躲在同胞尸体下面而在日军离开后侥幸逃命外，全都惨死在日军的枪刀、火烧之下。中山码头这座当年为迎接孙中山灵柩南下而特地修建的码头，竟成了日军屠杀无辜中国平民的屠场。

　　中山码头大屠杀的幸存者刘永兴，向人们详细叙述了日军在中山码头进行集体屠杀的悲惨情景及自己幸免于难的经过：

　　冬月十四日（公历 12 月 16 日），是一个大晴天，我们全家躲在屋里，不敢出来。下午 3 时左右，一个日本兵闯进门来，向我和弟弟挥了挥手，要我们跟他走。我们只好跟他出去，因为我们曾看到一个姓钱的私塾先生不听日本兵的命令，遭到了枪杀。出门后，一个汉奸翻译官对我们说，要我们到下关中山码头搬运东京运来的货物。我们发现，同时出来的还有我家附近的 30 多人。我们先被带到一个广场，天将黑时，场上坐满了人。日军叫我们六至八个排成一排，向中山码头走去。

　　我和弟弟走在平民队伍的前头，看到一小队拿着枪的日军走在最前面，接着是 30 多名被俘的国民党军警，后面才是被抓来的平民百姓。队伍的两旁有日军押着，还用马驮着三十几挺机枪，队伍的最后是骑马的日军军官。一路上，我们看到路两旁有不少的男女尸体，大部分是平民百姓，也有一部分是中央军。

到了下关中山码头江边，发现日军共抓了好几千人。日军叫我们坐在江边，周围架起了机枪。我感到情况不妙，可能要搞屠杀。我心想，与其被日军打死，还不如跳江寻死，就和旁边的人商量一起跳江。日军在后边绑人以后，就用机枪开始扫射。这时，天已黑了，月亮也出来了，许多人纷纷往江里跳，我和弟弟也跳到了江里。日军急了，除继续用机枪扫射外，又往江里投手榴弹。跳江的人，有的被炸死了，有的被炸得遍体鳞伤，惨叫声、呼号声，响成一片。一阵混乱之后，我和弟弟散失了，以后再也没有找到。我随水漂流到军舰边，后来又被波浪冲回到岸边。我伏在尸体上，吓得不敢动弹。突然，一颗子弹从我背上飞过，擦破了我的棉袍。猛烈的机枪声，把我的耳朵震聋了，至今还没有好。机枪扫射以后，日军又向尸体上浇汽油，纵火焚烧，企图毁尸灭迹。夜里，日军在江边守夜，看见江边漂浮的尸体就用刺刀乱戳。我离岸较远，刺刀够不着，才免一死。

另一位幸存者，军医梁廷芳，曾于1946年6月作为证人出席了远东国际军事法庭庭审，并向法庭出示了证词。他对于日军在中山码头屠杀南京军民的惨状描绘得更为具体：

我们到达那里时，在江边附近排成一行，两边和前面都有日本兵和机枪，机枪口对准了一排人。还有两辆卡车，车上装有粗绳，大家五人一组，倒背着手被绳子捆绑起来。我还亲眼看到，在这些人中间，有许多人先被日本人的步枪射中，后被扔入江中。在那里，包括乘轿车的军官和其他军官在内，约有800个日本人。

▲日军目黑辎重兵联队兵站汽车第十七中队村濑守
保拍摄的下关江边尸体堆积的场面

在 12 月 16 日这一天，同样在中山码头，日军还集体屠杀了另一批中国人。在这次屠杀中死里逃生的市民徐进讲述道：

到了中山码头，向左手转弯，在距中山码头 500 公尺处，敌人突令我们站住，由押队日军 20 余人，用事先准备的草绳，将全体同胞两手背绑。是时约午后 5 时，队前部忽然一片悲哀凄惨的哭声响起，接着机关枪、步枪声一阵紧似一阵……这千余赤手空拳的同胞，两手又被绑住，无法与敌人拼命，情知是危，皆高呼'打倒日本帝国主义!'可怜这千余同胞就在激昂的呼喊声中被暴敌残杀了。

徐进是在尸堆掩盖下侥幸活下来的。

◎ 煤炭港：3000 多人遭屠杀

从下关码头向下游去，有个叫煤炭港的地方。这是一座建于清光绪年间的港口，专事装运煤炭，并建有多间储存煤炭的仓库。南京沦陷后，日军将煤炭港作为屠杀无辜中国军民的场所之一。

1937 年 12 月 15 日，日军将 3000 余南京青壮年市民及放下武器的中国军人，押至煤炭港，加以集体屠杀。煤堆间遍布尸体，港口水面被鲜血染红。

幸存者潘开明，抗战前以理发为生，南京沦陷后，与姑母、弟弟逃至难民区内鼓楼二条巷避难。1937 年 12 月 14 日被抓至华侨招待所关押。15 日，与 300 余青年一起被绑赴煤炭港，遭集体屠杀。他因倒在尸体堆中，幸免于难。他在一篇证言中叙述了自己目睹煤炭港集体屠杀的经过：

下午两点多钟，他们用绳子把我捆起来，和 300 多人一起，押到下关煤炭港。押走时，为了防止我们逃跑，叫我们走在马路中间，日军在两旁监押，相隔约一米左右。大约快到 4 点时，到了煤炭港，他们把人集中起来，用机枪扫射。在日军扫射的时候，我眼冒金花，突然昏过去了。后来，死尸把我压在底下，直到晚上九十点钟时，我才醒过来。……抬头一看，还有几个人坐着，有的被绳子捆着，有的没有捆。我说：'老总，救救我吧，我没有死，把我的绳子解开。'我们互相解开绳子以后，就各奔东西，有的抱着木盆过江，有的跑到和记洋行。我是本地人，家里还有姑母和弟弟，我不能逃走。我顺着铁路，走到火车渡口的地方，到江边把身上的血洗掉，到附近人家要了一件破衣服穿起来。

煤炭港日军大屠杀的另一位幸存者陈德贵，12月12日来到与煤炭港相邻的和记洋行避难，13日被日军发现，14日晨，与2800多名青壮年一起被日军押往煤炭港一间仓库关押。他亲身经历了15日的大屠杀，并侥幸逃命。他在回忆中，也向人们叙述了当时的惨状：

第三天清晨，日军打开仓库的门，说：'现在到工地去干活，每十个人一组出去。'站在门口附近的十个人马上被推了出去。不久，听到一阵枪响。不一会儿，门又打开了，再推出去十个人，又是一阵枪响。我心里明白，出去的人都被枪杀了。这时约在上午8点多钟，一走出仓库，就看到日本兵列队两旁，斜举着刺刀，后边的日本兵押着我们。当走到长江边时，我一个猛子扎到河里，潜游到对面，藏在一个倒在河里的火车肚子里，亲眼看见仓库里的人十人一批、十人一批被日本兵枪杀，从早晨杀到傍晚，还有六七百人未被枪杀，日本兵就把他们一起赶到河口，用机枪向他们狂射。天黑以后，日军走了，我偷偷爬上岸边。因在水里躲了一天，冷得直打哆嗦，从地上拣起一条破毯子裹在身上，睡在尸体中间。第二天几个日本兵从栈桥头经过，发现我在抖动，朝我打了一枪，子弹从我大腿穿过，左手无名指也被打伤，至今还留有伤疤。日本兵以为我死了，就走了。到第三天，掩埋尸体的人见我还活着，把我救了上来，才幸免一死。

▲被日军屠杀后扔进水塘的中国人的尸体

在煤炭港被屠杀的 3000 余名难民中，有 40 多名是下关首都电厂的职工。英国《曼彻斯特卫报》记者田伯烈在其 1938 年 3 月出版的名著《外人目睹中之日军暴行》中，引用了一位目睹日军暴行的外侨的日记：

下关电灯厂的工程师吴君向我们讲起一件非常耐人寻味的事情，该厂共有 54 名职工，都勇于服务，直到南京失陷前的最后一天，才停止工作，避入英商（在江边）和记洋行。日军借口该厂属于国营（其实是民营的），便把其中 43 人拖出枪决。

德国驻华使馆政务秘书罗森于 1938 年 1 月 20 日致德国外交部的报告中也说道："到市发电厂上班的 54 名工人有 43 名被杀害，理由是，这个工厂是国营企业！"

◎ 草鞋峡：最大的屠场

1937 年 12 月 18 日傍晚，一支长长的难民队伍，排成四路，在数百名全副武装的日军押解下，从位于幕府山下的四五所村子走出，向西迁回，绕过丘陵，向长江边走来。难民中的大多数是放下武器的中国军人，也有一些是普通的市民，包括部分妇女和儿童，全都被反手捆绑着。据目击者证实，这个难民群共有 57000 多人。

大约走了五六公里，有两名中国士兵，预感到情况不妙，便趁着已经微黑的天色，突然从队伍中跑出，跳进路边的池塘，企图隐蔽起来。

两个军人的行动，引起了日本士兵的骚动，日军一边追赶，一边开枪。枪声响过，两人倒在塘里，塘面上泛起阵阵血水。日军似不觉解恨，又将两人的头颅割下，放到路边，警告其他俘虏、难民不许乱动。

难民队伍终于来到了上元门外名叫草鞋峡的一个大洼子江滩。日军命令难民们面朝长江坐下。江滩上黑压压地坐了一大片人。

天快黑了，日本兵沿江岸呈半圆状包围过来，许多机关枪的枪口对着俘虏们。

不一会儿，随着一个日本军官射击命令的下达，机关枪立时吐出罪恶的子弹，射向手无寸铁的难民。

日军的枪声，震惊了部分俘虏，他们口中高喊着"夺枪、夺枪!"不顾死活地扑向日本兵，并与日军扭打起来。俘虏的行动引起日军的恐慌，他们以更猛烈的枪声回击着这些手无寸铁的俘虏。暴动的俘虏们纷纷倒下。

枪声依旧在吼叫，难民的尸体堆成了一座座尸山。直到难民们全都倒下了，枪声才渐渐停止。

接着，数十名日本士兵，开始用木棍和刺刀击打、刺杀受伤未死的难民。然后，他们又在尸体上撒上树枝，浇上煤油，点火焚烧。尸体在烈火中发出"吱吱"的响声，散发出令人呕吐的焦臭味。日本士兵又将紧靠江边的一具具烧焦的尸体扔到滔滔东流的长江中。

因腿部受伤藏匿在上元门大茅洞内的南京市警察鲁甦，因所在处距草鞋峡不远，亲眼目睹了日军大屠杀的暴行。抗日战争胜利后，他向首都地方法院提供了一份有关草鞋峡大屠杀的证词。证词中写道：

倭寇入城后，将退却国军及难民男女老幼计 57418 人，圈禁于幕府山下之四五所村，断绝饮食，冻饿死者甚多。十六日（农历，即 12 月 18 日）夜间，用铅丝两人一扎，排成四路驱至下关草鞋峡，用机枪悉予扫射后，复用刺刀乱戳，最后浇以煤油纵火焚烧，残余骸骨悉投入江中。在此次大屠杀中，有教导总队冯班长及保安队警郭某，将绑绳挣脱，佯仆地上，拖尸盖身，因而得免。惟冯班长左膀上刺刀戳伤。郭某脊背烧焦，逃至上元门大茅洞，由具结人觅便衣更换，偷渡至八卦洲始脱险。

草鞋峡大屠杀的幸存者唐广普，在一篇证言中，详述了他所经历的厄运：

12 月 18 日，日本人从早上 4 点钟就开始捆人，用整匹整匹的布撕成布条，先把人两手反缚着，然后再把两个人的手臂捆在一起。从早上 4 点一直捆到下午 4 点。……到了上元门大洼子江滩，叫我们一排排坐下。这时有人讲"不好，要搞屠杀了，做鬼也要做个散手鬼"，就相互解绳子。晚上八九点钟，日本兵开始屠杀，机枪一响，我就躺倒在地。二十分钟后，机枪停了，我右肩头被打伤也没有知觉，死尸堆积在我身上，感到特别重。约五分钟后，机枪又开始扫射，过了一阵子，日军

▲日军将被俘的中国人押往长江边草鞋峡准备屠杀

上来，用刺刀刺，用木棒打，然后用稻草撒在石榴树上，用汽油一浇就烧起来了。这时我感到吃不消了，尽力挣扎，爬出死人堆后，顺着江边，往燕子矶跑，在一个房子被烧、无人居住的村子里，我钻进砻糠灰里，把衣服一件一件脱下来烘干，嚼生稻子充饥。在这里我看到一个老头和小孩划了一只小舟到村子里来拖稻草，我求他们，把我带到八卦洲，以后回到了江北。

日本记者本多胜一通过对曾亲自参加在草鞋峡屠杀被俘中国士兵的日军第13师团山田旅团第65联队一位下士的采访，

在其长篇报道《通向南京之路》一书中，描述了草鞋峡大屠杀的惨状：

重机枪、轻机枪、步枪围成半圆阵式，对着江边的大群俘虏猛烈开火，将他们置于弹雨之下，各种枪支齐射的巨响和俘虏群中传来的垂死呼号混在一起……失去了生路而拼命挣扎的人们仰面朝天祈求上苍，结果形成了巨大的"人堆"……这样的人堆竖起后又崩溃下来，反复了三次。齐射持续了一个小时，直到没有一个俘虏还站着，这时天已经黑下来了。

但是，就这样结束行动的话，难免会放过一些活着的人，这既有只负了伤的，也有倒下装死的。一旦真有活着逃出去的人，那么这次屠杀全体俘虏的事实就会传出去，成为国际问题，所以一个人也不能让他活着离去。……日本兵从这时开始直到第二天天亮，为了'彻底处理'而忙乎了一整夜。尸体摞成了很厚的一层，要在黑暗中翻遍这尸层，从上万人中确认一些人的死活是很伤脑筋的，于是想到了火烧。这些俘虏都穿着棉制中装，点着了以后不容易灭，而且火光下也便于处理作业，因为只要衣服一着火，不怕那些装死的人不动弹。

尸山上到处都点着了火，仔细一看，果然有些装死的人由于经不住烧而偷偷地动手灭火，于是只要看见哪里一动，便赶上去给他一刺刀，将其刺死。一面在层叠尸山中翻来翻去，一面在烟熏火燎中用刺刀了结事情，这样作业一直延续着，皮鞋和绑腿上都浸透了人油和人血……

57000 余名中国同胞就这样惨死在日军的刀枪之下。

◎ 燕子矶：日军机枪扫射了一天一夜

12 月 13 日，侵华日军由城南、城东、城东南攻入南京城。难民和溃败已丢弃武器的国民党军队士兵如潮水般涌向燕子矶，指望由此渡江，躲避战火。可是，江边没有渡船，江面也已被日本军舰封锁，当急于逃难的人们用门板、木料作为渡江工具渡江时，遭到的是日舰的机枪扫射。人们只好滞留江边。逃难的人们仍蜂拥而来，江滩上挤满了黑压压的人群。

这时，追踪而至的日军从三面将江滩上的人们包围，并架起了机枪。"嗒！嗒！嗒！"枪声响过，人们成片成片地倒下，江滩上传来受伤者痛苦的惨叫声和呻吟声。据亲历者证实，日军的机枪扫射了一天一夜，5 万余中国军民惨遭杀害。

当时 19 岁的国民党军队第 88 师士兵郭国强躲在临近燕子矶的三台洞里，亲眼目睹了日军将 2 万多放下武器的中国军人残杀的经过，他证实道：

1937 年 12 月，我和二三百名'中央军'穿着便衣，逃到南京燕子矶三台洞附近。亲眼看到日军在燕子矶江滩进行大屠杀的情景。当时日军用机枪扫射了一天一夜，有两万多名已解除武装的'中央军'丧了命。我们躲在三台洞里，后来被日军发现，我们佯说是开山的农民，并拿出开山工具才免于一死。

日本著名历史学家洞富雄教授在其著作《南京大屠杀》一书中引用了"中国归来者联络会访华代表团"1965 年带回的一则资料，内称："燕子矶是扬子江岸边的名胜之地，这里曾汇集了 10 万难民。日本军从三面追赶而来，用机枪将他们包围，几乎把他们全部枪杀了。据仅有的、幸免于难的人说，

▲城外被屠杀的百姓和中国军人

当时扬子江的江水变得血红，留在江岸的尸体，一直放到翌年春天，臭气熏天，散发到几公里之外。附近一带都可闻到这种气味。"资料还记载了日军在离燕子矶一华里的观音门采用饿死、焚烧等方法屠杀3万中国军民的事实："国民党的士兵和难民约3万人在日本军的驱赶下，逃到了中央大学后面的树林中。这是死亡的集中营。由于日本军对他们断绝粮食，所有的人几乎都在饥寒交迫的情况下死去。后来，日本军一把火点燃了树林，焚毁了尸体。"

▲被日军集体枪杀的中国俘虏的尸体堆积如山

◎ 鱼雷营、宝塔桥：3 万难民遭杀害

鱼雷营位于"和记洋行"以东、老虎山下、上元门一带，因国民政府于 1937 年在该处设海军基地码头，驻有鱼雷部队而得名。宝塔桥则与"和记洋行"紧靠，位于其东侧。鱼雷营、宝塔桥一带，东西相贯，濒临长江。日军占领南京后，曾将数万名被俘的中国军人及难民驱赶到这里，以机枪射杀，并毁尸灭迹，抛尸入江。

1937 年 12 月 15 日，日军将被俘的中国军民 9000 余人，由上元门拘押至鱼雷营江边，用机枪猛烈扫射，除殷有余等九人因伏倒在尸堆中侥幸活命外，其余均遭杀害。

1946 年 10 月 19 日，殷有余以幸存者的身份，当庭回答了南京中国军事法庭检察官丁承纲的问讯。档案中完整地保存着当时的法庭问讯记录：

问：你们当时被俘虏的有多少人？

答：我们炮台上官兵约三百多人一齐被俘虏。

问：那一天共被俘虏有多少人？

答：这一天连官兵带老百姓一共被俘约九千多人。

问：这些人被他们带到什么地方？

答：一齐带到鱼雷营。

问：带到鱼雷营以后怎么办呢？

答：日本兵用四挺机关枪扫射，只漏下九个人没有打死，我也是漏下来的一人。

问：你那时受伤了没有？

答：我因为压在其他的死尸底下，所以没有受伤。

问：你后来是什么时候逃出来的呢？

答：在当天晚上 10 时以后鬼子就去了，有一个第 36 师的陈班长也是漏下来的没有死，他就把我的绳子解去，一同逃走。那时同逃出来的其他七个人都受了很多的伤。

问：这些人都是被机枪扫死的吗？

答：那些人都是扫死的，只有我父亲年岁大走不动路，在路上就被日本兵用刀杀死了。

许多居住在鱼雷营、宝塔桥一带的居民，抗日战争胜利后，也纷纷向中国军事法庭提供自己目睹日军屠杀中国军民的暴行的证词。家住北祖师庵 23 号的家庭妇女张陈氏，于 1945 年 11 月 26 日具结陈述了其丈夫张家志等大批市民在宝塔桥被日军集体枪杀的情况："余身为死者之妻，于南京事变时，不及遁逃，遂避身难民区，不幸于 14 日，日军借词搜查国军，遂将我夫及大批壮丁逮捕，并解至宝塔桥由日军机枪扫射身死，其悲惨情况，目不忍睹。"南京大屠杀的幸存者何守江也证实："日本兵到下关的第二天，把 700 多中国人，陆续不断地赶到宝塔桥上，强逼他们往下跳，桥那么高，先跳下桥的人，大部分被摔死了。后跳下桥的人，没有摔死的，日本兵就用机枪扫射，无一人幸存。"

1946 年 10 月，南京大屠杀敌人罪行调查委员会经过详细的调查，确认："日军在鱼雷营、宝塔桥一带，共残杀军民 3 万人以上。"

◎ 大方巷广场：青砖墙被染成红色

1937 年 12 月 16 日下午，位于难民区内的大方巷，一队队日本兵正挨家挨户地搜查，一个又一个躲在家中避难的青壮年被捆绑起来，押往大方巷广场。

广场上的人越聚越多，很快就达到了四五百人。他们神情沮丧地蹲在广场的空地上，黑压压一片。环绕在他们周围的是一群荷枪实弹的日本兵，数挺机枪的枪口对准着他们。他们知道，自己已成为落入狼群的羔羊，等待自己的将是痛苦和死亡。

屠杀开始了。日军首先将六位青壮年男子押到位于空地一端的一堵青砖墙前，命令他们面墙而立，六个日本士兵在离他们二三十米远的地方，端枪瞄准各自的目标。随着日本军官的一声令下，六个日本兵同时扣动了步枪扳机，六位中国人应声倒地。就在中国人扑通扑通倒地的瞬间，日本兵又按照命令，嗥叫着冲上前去，对准倒地的中国人补刺一刀。广场上传来一声声呻吟声。

第一批六人倒下了，第二批六人又被带到了青砖墙前……一批又一批中国人倒下了。难民的鲜血染红大地，喷洒到青砖墙上。

日本《朝日新闻》分社就设在大方巷，该社特派员、随军记者今井正刚，亲眼目睹了这一屠杀场面，并且还从等待屠杀的难民中救出了两人。他在回忆录中写道：

空地上蹲着的四五百人用呆滞的目光望着日本兵把人一个一个地杀掉，又用刺刀穿透他们的脊背。那种恍惚、空虚的神情，真让人不明白这究竟是怎么回事情？

妇女和孩子们也在周围站成一圈，茫然地望着这一切，把那些熟悉的面孔一张一张看过来，这里面有父亲，有丈夫，有兄弟，也有儿子，就在他们的眼前被杀掉了，她们心里一定充满了恐惧和仇恨。她们大概会号泣悲鸣吧。然我耳边什么也没有听到，只是听到"砰、砰"的枪声和"啊"的惨叫声，只是得到斜照的夕阳光辉把砖墙染成了红色。

▲南京街头遍地是日军屠杀留下的中国人尸体

目睹大方巷广场这次屠杀的，还有《朝日新闻》的另一名特派员足立和雄和记者守山义雄，他在《南京的大屠杀》一文中写道：

在《朝日新闻》分社旁边，有一个烧秸干的广场，广场上，在日本兵的监视下，中国人排起了长队。留在南京的几乎绝大多数男性中国人都被称作便衣队而抓了起来。我们一个朋友就指着其中一个中国人，证明他在事变前受雇于《朝日新闻》分社，把他救了下来。在这件事之后，请求《朝日新闻》分社救命的妇女、孩子们成群结队地涌来，然而我们的活动能力有限，也只是爱莫能助了。于是那些'便衣队'便在他们妻子儿女哭天喊地的泪眼前，一个接一个地被枪杀了。

◎ 残酷的虐杀

凶残的日本兵除以机枪扫射等手段大规模屠杀无辜中国军民外，还采用枪刺、刀劈、活埋、火烧等惨无人道的手段残杀中国人。

枪刺、刀劈，是日军屠杀中国人较为常用的手段。他们往往将被俘的中国军人或青壮年难民双手反捆，在军官的示范下，以中国人为靶子，用刺刀或军刀刺杀、砍杀。家住栖霞山李家岗村的农民李学发向人们回忆了当年自己被刺九刀、目睹16 名乡亲被刺死的惨事：

100 多个全副武装的日寇包围了李家岗村，把全村的年轻男人逼到村前的小秧田里当活靶子练刺刀，边杀边发出'呀呀'的怪叫及狂笑声。他们刺杀时，对人体乱戳，被刺者痛得在地上直翻滚，不一会儿，就有16 人在鬼子的刺刀下死去……我被捅了九刀，滚进秧田旁边的小沟里，才幸免于死。

南京大屠杀的幸存者陈光秀向人们控诉了日军将江宁县汤山镇许巷村百余青壮年活活刺死的罪行：

冬月十四日（即 12 月 16 日），村上忽然出现大批日本兵。当时全村有近两百户人家，日本兵把全村的一百多个年轻人，集中到打稻场上，全部敞开胸怀，用刺刀一个个地戳死。我的弟弟陈光东也在其中。有个叫时大林的，日本兵复查时，发现他没有死，又戳他几刀，每戳一刀，就听他喊一声'我的妈呀！'就这样惨死了。……当时村上艾家四兄弟，艾红来、艾根来、艾义生、艾仁义，被日本兵抓住，像扔麻袋一样，被活活砸掼而死。还有一些从外地被日本兵抓来做苦力的人，事后被日本兵用刺刀将心肝五脏都挖了出来。邻近村庄有个叫方老二的，被日本兵砍成两段，一段丢在大场岗，一段抛到六亩口。还有个刘老五，日本兵冲入门内，用刀把他的脑袋砍掉，半截身子在门外，半截身子在门里。

活埋则是日本侵略者屠杀无辜中国军民的又一残忍手段。30 岁的青年苗学标，12 月 17 日被日军抓去充当掩埋尸体的伕子，他亲眼目睹了一名难民被活埋的凄惨景象："日本兵叫我们在雨花台路边上挖一个坑，约一米多深。坑挖好后，一个日本兵逼着我们的一个同胞下到坑内，由几个日本兵亲手填土把他活埋了。我们只好眼睁睁地看着，心里多凄惨、多难受！"记者林娜报道了一位覃姓难民的叙述："他们（指日军）抓到我们的俘虏，命令他们自己挖坑，就叫第二批人去埋第一批的，又迫第三批人去埋第二批的。这种残酷的屠杀，实在是开世界未有的纪录。"

南京沦陷后留在南京的军医蒋公穀在其日记中也有关于日

军活埋中国人的记录，他形容道："最残酷的莫过于活埋了。悲惨的哀号，那人类生命中最后挣扎出来的一种尖锐无望的呼声，抖散在波动的空气里，远在数里以外，我们就可以隐隐听得。"

据档案记载及幸存者回忆，日军攻占紫金山后，曾将附近2000多名难民驱赶到紫金山下，全数活埋；12月下旬，日军又把千余男女老幼运到中华门外沙洲，推进一个大坑道中，加以活埋。

凶残的日本兵视中国人生命为草芥，他们甚至以九位老人的头颅来祭奠被流弹击毙的日军战马。1984年，世居上新河棉花堤的张春山、钟诗来、钟声三位老人，向人们揭露了日军"杀人祭马"的野蛮暴行：

▲日军活埋中国平民

日军有一匹战马被流弹打死（地点在棉花堤街郭光贵家现在的住址），为了纪念这匹马，硬逼着棉花堤的一些老人把马拖到现在的拖拉机站埋葬。埋葬以后，日军把埋马的人杀了九人，把人头砍下来，放在马墓旁，还竖了一个牌子，上写某某大队军马。

对于侵华日军以各种惨无人道的手段屠杀、折磨中国人的罪行，曾参加攻占南京的日军士兵及随军记者，在日记、报道、回忆录中也有很多的揭露。

侵华日军第 114 师团重机枪部队一等兵田所耕三，证实了所部在下关用剜眼、割鼻等酷刑滥杀无辜的暴行："当时，我隶属的部队驻在下关，我们拿铁刺网上拆下来的铁丝，把捉来的一群人，每十个人捆成一束，堆在井栏上，浇上煤油，点起火来烧；还有，把许多人各捆一团，就像杀猪一样……为了使俘虏们有所畏惧，把他们的耳朵削下来，或是把鼻子砍掉，或是拿佩剑插进口腔里把他的嘴切开，或是在眼帘下面横插进一刀，白眼球就像鱼眼一样黏糊糊地垂下来，足有五寸。"

日航空兵中士井手纯二，亲眼目睹了日军将 20 名解除武装的中国俘虏，用卡车运至下关火车站轮渡附近砍杀的残酷场面。他在文章中写道："处刑开始了。有用日本刀的，也有人使用军士用的大刀。俘虏们老老实实地坐在那里，被一个接一个地砍杀，尸体被踢落在水里。大刀是粗糙的新刀，刀锋不快。一刀砍下头部的为圣手，大多数人要砍上两刀、三刀，才能勉强砍下头来。然而他们似乎对仔细砍头觉得太麻烦了，砍了一刀后就把半死不活的俘虏踢了下去。"

日本《每日新闻》特派员铃木二郎，曾亲眼目睹了 1937 年 12 月 13 日日军在中山门城墙屠杀俘虏的恐怖场面，他在报道中写道："在那里，我第一次遇上毫无人性的大屠杀。在 25 米高的城墙上站着排成一列的俘虏，他们一个接着一个被刺刀捅落到城外。许多日本兵提起刺刀，呐喊一声往城墙上的俘虏的胸、腰捅去，鲜血溅向空中。这情景阴森可怕。看着这惨景，我久久茫然呆立在那里。"

日本陆军坦克部队上等兵中山重夫，亲眼目睹了日军在雨花台地区刺杀俘虏的惨景，他回忆说："日军士兵让打着白旗来到这里的中国人坐在壕沟边，然后逐个用刺刀捅死，对于一刀未刺死痛苦挣扎的人，则用军靴踢到壕沟中用土埋上，这场不分老幼的杀戮，持续了四个多小时。"

▲南京城墙外壕沟岸边，被日军杀害的南京市民尸体累累，惨不忍睹。

日军上等兵东史郎在 1937 年 12 月 21 日的日记中则记述了发生在中山路最高法院附近一幕最为野蛮、残忍的惨剧，日记写道：

不知从哪儿抓来一个中国人。战友们像牵着条狗的孩子们似的耍弄着他。西本提出了一个残忍的玩法。

这个玩法，就是把他装进袋里，再浇上汽车里的汽油，点上火。

那个中国人连哭带叫，被塞进了一只邮袋里。袋口被紧紧地扎住了。西本从一辆破碎的汽车里取来汽油，浇在袋子上，又在袋子上拴了条长长的绳子，以便可以拽着到处走。有同情心的人都皱起了眉头，注视着这残酷的处置。没有同情心的人则觉得有趣，大声为他叫好。西本点着了火，汽油"呼"地一下着起来。袋子里立刻迸发出不可言状的可怕的声嘶力竭的惨号。因为那人在袋子里拼命地挣扎，袋子就自动地蹦了起来，又滚来滚去。战友们被这残忍的"火烤"游戏激发了野性，愈发觉得好玩。袋里发出地狱里传来的哀号，袋子像个火球滚来滚去。牵着绳子的西本叫道："喂，那么热的话让你凉快凉快吧！"说着就把两枚手榴弹系在袋子上，扔下了河里。火灭了，袋子沉下去了。水面刚平静下去，手榴弹在水中爆炸了。水柱"哗啦"一声蹿起老高，又平静下来，游戏结束了。

东史郎日记中提到的"西本"，其真名叫桥本光治。当东史郎出于良知和忏悔的心情，不顾日本国内右翼势力的百般阻挠，怀着极大的勇气将反映侵华日军在南京进行血腥大屠杀的《阵中日记》公布后，桥本在极力否定南京大屠杀的右翼势力支持下，竟以东史郎"关于其虐杀一个中国人的记载不符合事

▲日军南京兵站医院卫生伍长坂本多喜二拍摄的日
军将中国平民和俘虏作为练刺杀的靶子的场景

▲日军将中国俘虏当作活靶子进行刺杀训练。此照
片刊登于 1938 年美国《瞭望》杂志。

实"为名，将东史郎告上了法庭。1996 年 4 月 26 日，日本东
京地方法院判决东史郎败诉。1998 年 12 月 22 日，东京高等法

院不顾历史事实，驳回东史郎的上诉，维持原判。桥本等右翼势力起诉东史郎的目的在企图以否定桥本光治虐杀一个中国人的事件为突破口，进而否定东史郎日记中指证的杀烧淫掠等种种暴行，让法庭承认南京大屠杀是"虚构的谎言"，进而否认整个侵华战争。但历史不容篡改，侵华日军在南京的暴行已为包括有正义感的日本人士在内的国际社会所认同。

◎ 佛门喋血

佛教弟子，向以慈悲为怀。日本也是一个信佛的国家。然而，谁能料到，杀红眼的日本兵攻占南京后，不仅焚毁庙庵，对僧人、尼姑也大开杀戒。

▲日军枪杀僧侣

1937 年 12 月 13 日，位于南京城南武定门 444 号的正觉寺内，僧侣们正打坐念经，祈求菩萨保佑正在受苦受难的南京市民平安消灾。寺内空地上还静坐着 30 余名来此避难的难民。

突然，寺门被撞开，一群全副武装的日本兵冲进寺内。寺庙住持双手合十，迎上前去。但日本兵并不理会，他们将全体僧侣和难民团团包围起来，并开枪射杀。"嗒嗒嗒……"枪声响过，10 余名僧人及所有难民倒在血泊中，鲜血染红了佛门净地。

据档案记载，在此次的正觉寺集体屠杀事件中，有 17 名僧人和 30 余名难民被杀害。这 17 名僧人是：慧兆、德才、宽宏、德清、道禅、刘和尚、张五、源谅、黄布堂、晓侣、慧璜、慧光、源悟、能空、倡修、广祥、广善。

同一天，另一群日本兵又闯到位于门东小心桥 38 号的消灾庵内，打死打伤庵内尼姑及难民九人。被日军打伤的消灾庵住持慧定，于1946 年 7 月向南京市政府抗战损失调查委员会呈文，陈述了当时的情景：

> 窃于民国二十六年古历十一月十日，敌寇进城，于翌日（即公历12 月 13 日）下午二时，有日本军队官兵八名，均持长枪来庵搜查。因言语不通，故未经讲话即将小尼师徒等四人赶入后门防空洞内，先用枪击，复以刀刺。小尼师太真行年65 岁，胸部中弹，当即殒命。小尼大徒登元年 10 岁，腰部中弹，胸部刀刺，二徒登高脑部中弹三枚，面刺三刀，于该寇走后两徒即行毙命。并查防空洞内除小尼师徒四人，另外尚有五人，共计九人……惟小尼一人未死，然腹、腿二部均中枪弹，不得行动……

慧定后来在防空洞中又躲藏了十余天，并赴鼓楼医院治疗，经三次手术，方得痊愈，但腿部留下残疾，行路艰难。

与尼姑真行、登元、登高同时遇难的另五位难民，据档案记载，分别是：

吴朱氏，女，71 岁，南京人，住消灾庵难民；

卓三元，女，40 岁，南京人，住长乐路小心桥 36 号；

卓吕同，男，54 岁，南京人，住长乐路小心桥 36 号；

卓吕同之母，住长乐路小心桥 35 号；

卓吕同之姐，住长乐路小心桥 35 号。

在中国第二历史档案馆的档案中，还有不少关于日军枪杀僧人的记载：

1937 年 12 月 12 日，日军将中华门外方家山长生寺僧人 19 人集体以步枪射杀，该寺住持隆海因躲藏在地藏菩萨佛龛中，方幸免于难。

1937 年 12 月 12 日，僧人宗法，在雨花台被枪杀。

1937 年 12 月 13 日，日军将中山门外四方城 1 号龙华寺住持佛道、僧人心慈及在寺内避难的 30 余名难民予以枪杀。

侵华日军在南京屠杀僧尼的暴行，充分说明了他们完全是一群毫无人性的吃人野兽。

◎ "良民登记"的骗局

1937 年 12 月 22 日，南京难民区的大街小巷贴满了日本宪兵司令部发布的布告：

自 12 月 24 日起，宪兵司令将签发平民护照，以利居留工作。凡各平民均须向日军办事处亲自报到，领取护照，不得代为领取，倘有老弱病人，须家属伴往报到。无护照者，一概不得居留城内，切切此令。

这是日军想出的捕杀无辜青壮年的又一花招。日军认为，在难民区内仍藏有 2 万名放下武器的中国士兵，这些人必须予以"肃清"，因此，就想出了居民登记的方法。

曾参加南京大屠杀的日本士兵冈本健三证实："日本军占领南京之后，对于谁是良民，谁是便衣队，是分辨不出来的。

因此，日本军队就制发一种'良民证'。"

登记地点设在新街口广场、金陵大学、金陵神学院，上海路、山西路广场等处。每次登记前，一般先由日军宣传：如果当过中国兵的出来自首，就可以保全生命，并获得工作；不然，查出来"格杀勿论"！结果，一些人被欺骗站了出来，还有一部分手上有老茧、头上有帽箍的被查出来，全部捆绑而去，或被机枪射杀，或成为日军刺刀演习的靶子。

▲日军砍杀被俘的中国军人

金陵大学"登记"点，从 12 月 26 日开始登记，在金陵大学校园和新图书馆避难的 3000 余名男子，被集中在金陵大学史威斯纪念堂前的网球场上，先由一名日本军官用日语向大家作了简短的演讲，并由翻译译成汉语，其大意为："以前当过兵的或做过夫役的，都走到后面去。你们如自动承认，可以保全生命，可以获得工作。否则一经发觉，将立遭枪决。"在日军的恐吓、欺骗下，有二三百人走出了队伍，其中有的是放下武器的士兵，也有不少根本没有穿过军装，还有的因为弄不清"夫役"的意思，也跟着站了出来。

这二三百人，被五个、十个不等地用绳子捆绑在一起。

他们当中的 60 人，被押进了一个高大的建筑物内，那里有一个很大的院子，里面火光熊熊，每进去一队后，从里面都传出了凄惨的呻吟声和惨叫声。最后的 20 人，拼着性命冲破墙壁，狂奔逃命。

另一队人，经过五台山，被押解到了汉西门外的秦淮河边。那里早已架好了一挺机关枪，"嗒嗒嗒"的枪声后，难民们一个个地倒下了，倒在了秦淮河内，殷殷鲜血流入水中。

还有一队青壮年，被用铁丝缚着手腕，两人捆在一起，在日军的押送下，来到了汉中门。他们被驱赶着，渡过秦淮河。四五个胆子较大的青壮年，利用夜色和墙垣掩护，逃脱出去，躲藏起来。其余人则被继续驱赶着，来到北面的一块空地里。

子夜时分，凄淡的月光下，传来一声声惨叫，凶恶的日本兵将锋利的刺刀刺进了这些难民的胸膛。

国际安全区总干事贝德士，根据当时的调查，于 1938 年 1 月 25 日将发生在金陵大学的这起欺骗、屠杀事件，写成了详细的报告。报告指出：

> 关于那一次屠杀，在方法上、地点上以及时间上，全部证据非常充足……据各方面的情形推测，那一天从校内拖出来的难民，大多数是在一个晚上处死的，其中若干人则并入由他处移来的待决的受难者。

李克痕在《沦京五月记》中，也详细记载了自己耳闻目睹日军在山西路以同样手段进行所谓"良民登记"的情况：

> 在山西路大街上，放了一张桌子，两边排列 20 余名敌兵，

雪亮的刺刀尽在向人发威，这是日本特务机关发安居证的地方。一群来登记的同胞们，排着整齐的队伍，都不说话，连喘气的声音也低了些。每次有四个人站在桌子前面，一个戴眼镜、尖头、瘦脸的中国人，板着严肃的面孔向每个人详细盘问，遇着身体健壮、精神饱满的小伙子，同时其他三人又不认识他，那位戴眼镜的人只一挥手，便有日本兵走来架出去，这小伙子便送了命。

冈本健三也证实了日军利用"良民登记"屠杀青壮年的事实："我隶属的部队每天都在办理登记，叫他们填写出生年月、性别、职业等项目。可是，会写字的中国人很少，对于不会写字的人，就以口头说明。由于语言不通，能讲得清楚的，算他运气不坏；如果吞吞吐吐，前言不搭后语的，就认为他可疑，把他搁在一边，解决了事。当枪声响起来的时候，场内哭声大作，争先奔逃，可是四面八方都喷出机关枪的火焰，结果都是死路一条。那一次，大概解决了四五百人。"

成千上万的难民，在日军欺骗下，带着无限的冤屈，惨死在日军的枪刀下，这些不散的冤魂似一颗颗钢针，将日本侵略者钉在了历史的耻辱柱上。

◎ 凶残的"杀人竞赛"

在日本军国主义思想的灌输下，日本士兵完全丧失了人性，变成了一个个以残杀中国人为快事的恶魔。他们视中国人为草芥，以极其野蛮的手段肆意加以屠杀。日军第 16 师团两位少尉向井敏明和野田毅，在由上海进攻南京的途中，竟展开了灭绝人性的"砍杀百人大竞赛"，以谁先杀满 100 人为胜利。日本《东京日日新闻》的随军记者，从 1937 年 11 月 29 日至

12 月 12 日短短十余天的时间里，连续四次向日本国内跟踪报道了"杀人竞赛"的进展情况，同时也为日军在华暴行留下了可靠的证据。

▲南京大屠杀中日军用武士刀进行杀人比赛

11 月 30 日，《东京日日新闻》作出了关于"杀人竞赛"的首次报道：

刀劈百人竞赛！
两少尉迅达 80 人

［浅海、光本、安田三特派员 29 日发自常州］在六天之间，轻快地踏过了常熟到无锡 40 公里的××部队（按，指日军第 16 师团），现在更以三天的工夫，突破了与上述相同里程的无锡，到常州一线，真正是神速的进击。在该部队最前线的片桐部队，有两名青年军官计划作"刀劈百人"的竞赛。据说自无锡出发后，其中一位很快就劈死了 56 人，另一位也砍掉了 25 人。前者是富山部队的向井敏明少尉，后者是属于同一部队的野田毅少尉。"铳剑道"（刺枪术）三段的向井少尉，

手按着腰悬的"关孙六"（16世纪初，日本制刀名匠所制刀的名称），炫然自得；野田少尉则表示，他的刀虽然没有铭文，但也是祖先流传下来的宝刀。

报道还记述了向井敏明和野田毅在常州车站会面时与记者的谈话：

向井少尉："照这样的话，用不着杀到南京，大概到了丹阳，大爷我就会劈掉100人了！野田是输定了！你们看，大爷这把刀，劈掉了56人，刀口才只有一点点缺痕。"

野田少尉："咱们两人约好了的，对于拔腿逃跑的小子，就不去追杀。我因多担任×官，所以成绩没能赶上去，但等到丹阳时，会拿出'大记录'，可就够你们瞧的了。"

应邀为向井和野田拍照的《东京日日新闻》摄影记者佐藤对他们两人的具体杀人数目表示怀疑，问他们："你们说砍了！砍了！谁替你们记账呢？"

野田回答说："我是大队副官，向井是炮兵小队长，各人都有值日兵跟随。只需将值日兵彼此交换，代替着记数就行了。"

从常州到丹阳，短短四天时间内，又有40名中国同胞惨死在这两个杀人恶魔的屠刀下。12月3日，《东京日日新闻》收到了该报随军记者自丹阳前线发回的有关"杀人竞赛"的第二次报道：

全速跃进
刀劈百人竞争的经过

[浅海、光本两特派员3日发自丹阳] 相约到南京为止，"刀劈百人竞赛"，业已开始的××部队最前锋片桐部队富山部队的青年军官向井敏明、野田毅两位少尉，自常州出发以

来，奋战继之奋战，到 12 月 2 日进入丹阳城为止，向井少尉劈死 86 人，野田少尉砍掉 65 人，双方已进入犹如短兵相接的激烈竞争中。

自常州挺进丹阳途中的 10 里之间，向井劈了 30，野田干掉 40，勇壮绝伦，一如"阿修罗"的奋战状态，殊非言语所能形容。目前，两勇士正跃进在沿京沪铁路同一战线的奔牛镇、吕城镇、陵口镇等敌阵里，挥舞宝刀，砍个不停。

向井少尉决心先登丹阳中正门，野田少尉的右手腕负了轻伤，而"刀劈百人竞赛"的赫赫战果则正逐渐在达成中。记者们进入丹阳城，来不及喘，就赶去追上了进击的富山部队。

尽管向井的"关孙六"战刀因劈到一名无辜中国同胞的骨头上而有所缺损，野田也受了轻伤，但这丝毫也影响不了两个丧失人性的杀人者继续屠杀中国人的行动。12 月 5 日，当两个杀人竞赛者在距离南京 45 公里的句容再度相会时，向井和野田的杀人数已分别达到了 89 人和 78 人。浅海、光本又迅速向国内发去了"杀人竞赛"的第三份快讯：

"刀劈百人"的大接战

勇壮！向井、野田两少尉

[12 月 5 日浅海、光本两特派员发自句容] 在攻向南京途中，以"刀劈百人"为竞赛的片桐部队青年军官向井敏明、野田毅两少尉，又是站在最前线奋战，进入句容城。在到达句容之前，向井少尉砍死了 89 人，野田少尉是 78 人，战绩甚为接近。

12 月 10 日，向井敏明、野田毅这两个杀人恶魔，在南京城外的紫金山麓再次相会，这时，两人屠杀中国人的数量，已分别达到了 106 人和 105 人，均超过了斩杀 100 人的约定，可到底谁先杀满 100 人？无法确定。于是，两人再次约定：继续比赛，看谁先杀满 150 人。两个刽子手再次挥起了沾满中国同胞鲜血的屠刀。

▲日本《东京日日新闻》刊载的南京大屠杀中两名日军军官举行杀人比赛的报道。

12 月 12 日，《东京日日新闻》的随军记者又以最快的速度将"杀人竞赛"的最新消息摆到了等待"竞赛"结果的日本人面前：

"刀劈百人"的超记录
向井 106——105 野田
两少尉更加延长赛程！

[浅海、铃木两特派员 12 日发自紫金山麓] 在攻到南京为止，作罕有的"刀劈百人竞赛"的片桐部队勇士向井敏明、野田毅两位少尉，于 10 日在紫金山攻略战的混乱匆忙之际，作出了 106 对 105 的记录。10 日正午，两位少尉终于不是吹牛地各提着砍缺了口的日本刀，碰到了一起。

野田："喂，大爷我砍了 105 啦！你小子成绩如何？"

向井："老子是106呢！"

两位少尉哈哈大笑。但是还搞不清楚，究竟是在什么时候，谁先劈到了第100人？这就不必去研究了。结果当场同意不分胜负，同时立即决定：自11日开始，杀到150人为目标。

向井和野田以杀人多寡为竞赛内容，亘古罕见，世人震惊。当时上海外国人所办的《密勒氏评论报》在报道了《东京日日新闻》所载"杀人比赛"消息后，曾加评论："如此暴行，可谓惨绝人寰矣。"

▲遇难者横尸街头

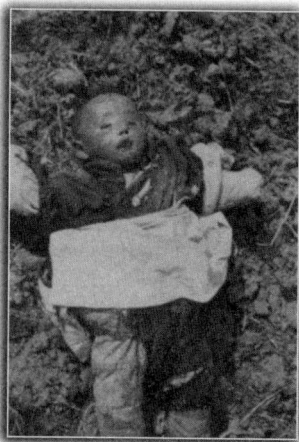

▲这个小孩被日军故意杀死，他的妈妈被打死。

残 暴 奸 淫

日军除疯狂进行大屠杀外，还对南京妇女进行了灭绝人性的大奸淫。数万无辜妇女被强奸、轮奸，有的在被奸淫后又遭杀害，有的被蹂躏致死，有的拒奸被杀，甚至在被奸杀后还要恣意侮辱，其残暴狂虐的程度，前所未有。日军也因此被国际人士斥为"兽类集团"。

◎ 无所不在的奸淫暴行

1937 年 12 月 13 日，南京沦陷。空前的大劫难降临到南京妇女的身上。残暴无耻的日本官兵四处追逐妇女，大肆奸淫，发泄兽欲，奸淫暴行遍及城乡各地。不管老幼，下自未成年的幼女，上至年逾古稀的老妪，均成为他们发泄兽欲的对象。

12 月 13 日，日军从中华门侵入，城南地区的妇女即首先遭殃，16 岁少女黄桂英、陈二姑娘、怀孕九个月的孕妇萧余氏及 63 岁的乡妇均同遭奸污。

一位从南京逃出来的女同胞，以亲眼所见向大后方的民众控诉了日军奸淫妇女的暴行："当敌人初来的时候，只要看见妇女就拉，不管老少，更不问白天和夜里。因此，上自五六十岁，下至八九岁的女同胞，只要被敌人碰到无一幸免。"

12月20日，三个日军士兵在西桥街41号，将一位12岁名叫李妮的哑女轮奸。12月26日下午，三个日本兵轮奸了陈家巷6号内一位13岁的小姑娘。1938年2月5日，三个日本兵闯入三牌楼郑姓人家，一个把守大门，两个轮流奸污了一位已经60多岁的老妇。水西门外，某寡妇有三个女儿，长女18岁，次女13岁，小女9岁，均被日军轮奸。小女儿当场死去，长女、次女也不省人事。1937年刚满12岁的陈××，曾在家中遭到日军奸污。1984年，她回忆说："1937年，我才12岁。……有一天几个日本兵到了我家，要我跟他们走。当时我已没有父母亲，只有一个唯一的亲人奶奶。我害怕，不跟他们走，他们就打我。我乘其不备，拔腿就跑，他们紧追不放，我钻进草堆，被日军用刺刀挑出来，就这样日军把我强奸了。"

1984年家住小礼拜寺的61岁回族妇女马老太控诉说："1937年我才14岁，住草桥清真寺。12月13日，日军攻陷南京的第一天，我看到五六个日本兵用刀戳死一个男人，吓得赶快回家躲起来。不久，听到敲门声，父亲去开了门，进来几个日本兵，问我父亲要'花姑娘'。我看到情况不对，就跑到河边上，藏在一个防空洞里。日本兵闻声追来，用砖头往洞里砸。我无法，只好出来。他们把我拖到小礼拜寺巷8号，用刺刀逼着我把衣服全部脱光，我就这样被几个日本兵轮奸了。我被抓后，我母亲就跑出来找我，那（哪）知没有找到，却在清真寺又碰到一个日本兵，她又被日本兵奸污了。"

毫无人性的日本兵对孕妇和产妇也不放过。19岁的吴殷氏，刚分娩四天，被日本兵强奸了。赛虹桥北村55号的张孟氏，在分娩期中，也遭到强奸，并因伤势过重而死亡。家住宝塔山72—1号的退休女工金××，1984年向人们控诉了自己怀孕期间多次遭日军强奸的往事："1937年日军侵占南京前，我丈夫被国民党军队拉伕走了。当时我怀孕，我父亲汪贵之是挑理发担子的，时年 50 岁。12 月 13 日，日军侵占南京后，我父亲带我到上新河李家理发店避难。一天，日军闯进我家，把我往外拉，我父亲见此情况，进行阻挠，把我往屋里拉，日军狠狠朝我父亲打了几个嘴巴，朝他身上捅了几拳，他被打伤了，我也被日军强行拉走。我父亲重伤后，不能做手艺，就去要饭，两个月后因伤势过重死去。我曾多次被日军拉去奸污。"

金陵女子文理学院是专门收容妇孺的难民收容所，那里收容有大量妇女，还有许多女学生，日军十分垂涎。但学校门口

▲昔日莘莘学子就读的金陵女子文理学院成为女难民的栖身之所

有美籍教授魏特琳女士、德威南夫人等把守，她们义正词严，竭尽所能，保护着这些可怜的女性，并不惜与企图侵入校园的日本兵拼命。正门进不去，日本兵便从后面低矮竹篱笆攀墙而入。晚上没有电灯，日军就楼上楼下乱摸一气，摸到哪个就对其强奸。日军甚至明目张胆地开着汽车来绑走妇女，好多妇女一去不复返。避难于金陵大学、外籍住宅里的妇女也不能幸免。1938 年 1 月 10 日，一位外侨给朋友信中写道："单以金陵大学、职员家庭以及美侨住宅而论，我就有关于 100 次以上的详细记录，以及约 300 次强奸案的确实报告。苦痛与恐怖的情形，简直使你难于想象。"

奸淫成性的日军，甚至在宗教场所金陵神学院宣泄。据档案记载，该院共有难民 2500 人，12 月 17 日，一群日军闯入该院，于光天化日之下，在人丛中强奸妇女多人。金陵神学院美籍传教士休伯特·L. 索恩（又译作宋煦伯）写下了他亲眼目睹的日军强奸中国妇女的事实：

从一开始，日本士兵就进行抢劫、掠夺、拷打、谋杀、强奸、纵火——一切能够想象到的坏事，没有任何限制。在现代史中没有任何事情能够超过这些罪行。南京几乎成了一个活地狱。没有什么东西，没有任何人是安全的。日本士兵拿走了他们想要的任何东西，并毁掉他们所不想要的一切东西；成百地公开强奸妇女和少女，那些阻拦的人当场被刺死，或被射杀。妇女们稍有反抗也被刺死；儿童妨碍了强奸也被刺死。有一名妇女在弗兰克家被强奸（他家住了大约 150 名难民），当时她四五个月大的婴儿在她身边哭泣，强奸她的日本士兵将那个婴儿闷死。在圣经师资培训学校的一名少女遭到 17 次的强奸。最后，我们终于让日本当局在比较大的校园门口设置了卫兵，但是那些卫兵常常自己到校园里强奸妇女。每天每夜都不断有案件发生，数量达到数百起，人们几乎难以用语言来描述这些恐怖的案例。

不知廉耻的日本兵在大肆奸淫妇女后，往往还强迫翁奸其媳、父奸其女、子奸其母、僧奸少女，或逼令妇女裸体，以供取乐。曾任南京守军营长的郭歧，抗战胜利后作为证人出席了远东国际军事法庭庭审，他在法庭上向人们讲述了一位和尚因拒绝奸淫少女而被日军处以宫刑的惨事：

12月13日至17日期间，一位十八九岁的小姑娘，由其父母费尽心机加以改扮，化装成一个男孩，再在父母陪同下，冀能通过中华门日军的检查关，逃出城外，求一条生路。当一家三口通过中华门时，按照日军规定，先行礼，再拿出难民证请日军检验。一名日军看到那个"男孩子"便问："你今年几岁了？"，那女孩子故意压低了声音回答："18。"不料这一开口就露馅儿了，男女声音大不相同，被日军听出了破绽，当下不由分说，把那个女孩子拉到卫生室去，呼朋牵侣，轮流强暴。女孩子的父母在门外听到女儿声声的哀呼惨叫，当下热泪长流，懊恨欲死，恨不得有条地缝钻进去。父母俩总以为女儿在受尽摧残以后，还会被日军释放出来保全一条小命。他们哪里知道日军寻欢作乐花样很多，在兽欲获逞之余，照例要硬拉几名中国男人来，逼他们照葫芦画瓢。敢于不从者顿时乱刀齐下，所以他们在相继残酷摧花以后，立刻拎着裤头出来拉'伕'，而且一拉就拉了四个之多。这四个中国同胞是从乡下进城来的，一个个长得身强力壮。他们听说日军逼着他们当众演出，顿时吓得魂飞天外，连忙跪地求免，誓死都不相从，因为他们纵为不曾受过教育的乡巴佬，也不愿跟日本人一样，

'其异于禽兽者几何?'卫生室里正紧紧相逼,卫生室外女孩子的父母却哭得死去活来,几次三番要撞城墙自杀。正相持间,从中华门里走出一个胖和尚来。日军有意亵渎佛门,他们一把抓住胖和尚,然后挥挥手,将四名中国人释放。这四名乡下人如逢大赦,赶快离开了这一鬼门关,而胖和尚则遭了殃。日本兵指着床上那袒裼裸裎、掩面痛哭的小姑娘,非要胖和尚脱下袈裟,大开色戒。惊得胖和尚面色陡变,他面对着那位饱经摧残的裸体女孩,紧紧闭上了眼睛,双手合十,一迭声地念着"南无阿弥陀佛,南无阿弥陀佛!"日军还不死心,仍一再硬逼,手执钢刀,频频作势,向胖和尚提出最后警告:"汝生此物,既然无用,不如给你去了!"胖和尚依然瞑目不答,只是念起经来,而且越念越快,只听见日军一阵子号叫,竟将胖和尚以官刑处置。不久,胖和尚则一命归天。一群无耻日军则拍手大笑!

▲这位18岁的女子,被日军抢去38天,每天强奸7—10次,后因染上三种最严重的性病才放回。图为该女子在金陵大学医院。

　　当时留在南京的外国人士，亲眼目睹了日军在南京的奸淫暴行，他们冒着莫大的危险和艰难，为我们留下了许多公正客观的记录。原鼓楼医院行政主管麦加伦在 1937 年 12 月 19 日的日记中写道："一周过去了，这里成了世上的地狱。试图叙述一下的话，便成为恐怖的故事。——我简直完全不知从何谈起。我是有生以来第一次闻知有如此残忍之事。强奸——强奸——又是强奸，我们计算一夜至少有 1000 起，连白天也有很多这样的事件。如果有抵抗或者不答应的话，就用刺刀刺死，或者用枪打死，我们能够在一天内写上数百件。民众在绝境中呻吟着。"

　　1938 年 1 月 15 日，德国驻南京大使馆秘书罗森在给德国外交部的报告中写道："仅在所谓的安全区一个地区，德国人、美国人及其中国雇员就有不容反驳的铁证，能够证明数百上千起野蛮强奸事件。……外国人，这其中首先是拉贝、克勒格尔（两人均是国社党党员）和施佩林等几位先生都曾当场抓获过正在凌辱妇女的日本军人，并冒着生命危险挺身而出赶走他们，解救受害者。在中国家庭里，如果有受害人的家属敢于反抗这些恶匪，在很多起事件里，他们不是被打死就是被打伤。……每天不断有妇女被送进美国教会医院，直至昨天还是这种情况。她们遭受成群结队的日本士兵的轮奸，事后还要遭到刀刺或其他方式的伤害，这些妇女的身心健康受到严重损害，一位妇女的颈部被劈开一半，这位不幸的妇女竟然还活着，就连威尔逊大夫也感到吃惊。一位孕妇腹部被刺中数刀，腹中的婴儿被刺死。送进医院的还有许多遭到奸污的幼女，她们当中有一个小姑娘先后被强奸约 20 次。本月 12 日，我的英国同行、领事普里多·布龙，英国武官陆军上校洛维特·弗雷泽和英国空军武官温·康曼德·沃尔泽中校前去察看英美烟草公司帕森斯先生的住宅，发现一位中国妇女的尸体，一根高尔夫球棒从下部直接插进这位妇女的躯体。每天夜晚都有日本士兵闯进金陵女子文理学院内的难民收容所，他们不是拖走妇女，就是当着他人的面，甚至包括当着家属的面，发泄他们罪恶的兽欲……"

抗日战争胜利后，当时留在南京的金陵大学美籍教授贝德士在远东国际军事法庭上作证说："几乎每天每晚，日本士兵大多数游荡于街头，还进入安全区。当时市民的大多数均居于安全区内，大约 15 名到 20 名一伙的日军团体，为了寻求强奸的对象而四处游巡着，还有侵入民户的。……在上述场合，在大学范围内，连日本军的军官也参加了这样的强奸事件。"

远东国际军事法庭判决书认定："在占领后的一个月中，在南京市内发生了 2 万起左右的强奸事件。"

◎ 先奸后杀

凶残的日本兵在对手无寸铁的妇女强暴后，还采用剖腹、割乳、刺胸、枪杀等惨无人道的手段，将这些无辜妇女杀害。日军一中队长曾公然训示他的部队："为了避免引起更多的问题，事后将其杀掉。"

曾参加攻占南京的日士兵田所耕三作证道："受害最深的，还是女性。不管老太婆也罢，什么也罢，谁也逃不过去。我们从下关派出卡车，到各村落、各街坊掳来许多妇女，分配给士兵们，大致 15 人至 20 人分配到一个，找到仓库等墙边上挡太阳的地方，拿些树杆树叶遮一下，当作强奸场所。由中队长用图章盖在纸上，叫做'红卷'，大家拿着这个东西轮流入场……奸过之后，还要把她杀死。那些妇女只要我们一松手，就会拔腿逃跑，于是'乓'的一声，从背后给她一枪了事。"

参与入侵南京的日军分队长曾根一夫在其1984年出版的《南京大屠杀亲历记》一书中，也坦白承认了自己在南京大屠杀期间轮奸妇女并将其杀死的暴虐行为：

我们继续前进，走到一处无人居住的村庄，很幸运地抓到几只鸡。正想回部队时，突然发现村庄外围的田中洼地，有一对青年男女像蜘蛛一般俯卧着。看来似乎是找不出逃生之路的逃难夫妻一般。当他们被发现后，就坐在田中，手掌合并开始苦苦地哀求。虽然我们听不懂他们说的话，但似乎是要求我们网开一面让他们逃生。仔细一瞧，那位女性长得相当漂亮，年龄约为二十四五岁，男的约30岁上下，从气质看来，似乎是上流阶层的年轻夫妇。……分队员们竟然忘记"找女人不如先找食物"这句话，对她垂涎三尺，露出贪婪的眼光，形成欲罢不能的情势。那位男性似乎已经觉察情况不妙，就故意以演戏的口气哭着哀求……'我才不会被你这种哭法欺骗'，我对那位男子大声斥责，接着向分队员们说："我们来料理她！""料理她"就是侵犯那位女子的意思。

▲日军奸杀妇女

▲被日军奸杀的少女尸体堆积如山

……其他分队员，平常很少见到我有如此积极的态度，当时虽然顿感诧异，但没人表示反对，于是就决定侵犯那位女性。结果，那位女性当然是惨遭我们的凌辱……我下定决心要杀人灭口……然而耳朵还能听到队员们杀死他们时喊出的强有力的"杀！杀！"声，以及他们惨绝人寰的哀叫声。最后我小心翼翼地抬起头来一看，发现被绑在树上的那对夫妻，身上不停地涌出鲜红的血。我突然受到良心的苛责，但是内心却又卑鄙地辩解道："这不是我的罪过，一切都是战争所造成的。"然后仓皇地逃离现场。

南京大屠杀的幸存者中，有许多人目睹了日军强奸妇女后又将其杀死的暴行。当时在南京太平路54号新华刻字印刷店当学徒的孙步方回忆说："快到通济门时，那里有一处平民住宅，因是红砖红瓦，老百姓叫它红房子。这里的老百姓绝大部分都逃难去了，有一户理发匠未走掉，这位理发匠年轻的妻子被日军发现后，遭到轮奸。这队日军临走时不但打死了理发匠，还在这个年轻妇女的下部插放一支天地响（爆竹），当场就把她炸死。"

家住三牌楼娄子巷 50 号的市民程国栋，抗日战争胜利后，向中国军事法庭具文陈述了其母被日军奸杀的情景："民国二十六年（1937 年）冬，日军进城时，惨无人道地将民母先轮奸，继之用木棍由下部捅腹部致母死亡。当时无人棺埋，次年，经邻人设法殓葬。"

南京大屠杀的幸存者夏淑琴，南京沦陷时，一家九口租住在回民哈国栋房屋内，哈、夏两家共十三口人。在日军的屠杀政策下，有 11 人惨遭杀害，其中有四位妇女（包括哈国栋的妻子、夏淑琴的母亲和两个姐姐）均系被强奸后杀害，只剩下当时年仅 8 岁的夏淑琴及其 4 岁的妹妹幸免。事发半个月后，安全区国际委员会的成员马吉等曾亲赴残杀现场，并摄下了当时的惨况，这在拉贝日记及马吉所摄影片中均有详细记录。1984 年，夏淑琴老妈妈向人们叙述了那段催人泪下、不堪回首的往事：

那年，我家住在秦淮河边的门东新路口 5 号，大门里面有两进平房，隔成两个小院，住着两户共十三口人。房东叫哈国栋，回民，一家四口，他的妻子马氏已生下了两个女孩，还有身孕，长女小存子，次女小招子，都是幼童。我家是房客，父亲名叫夏庭恩，一家三代同堂共九口人，有我的外公、外婆、父母和两个姐姐、两个妹妹。12 月 13 日，日本鬼子从雨花门侵入南京。一群疯狂的日本兵闯到我家，"呼呼"地砸门，我父亲赶忙去开门，门刚打开，进来的日本兵就向他开枪射击，父亲当场中弹身亡。外公、外婆也相继被杀害。那年我只有 8 岁，和大姐、二姐以及 4 岁的妹妹躲在床上的被子里，母亲怀抱着还在吃奶的小妹妹。凶残的日本兵将母亲怀里正在吃奶的小妹，挑在刀尖上，又狠命地摔在院子里，可怜的小妹就这样结束了她幼小的生命。我被眼前的一切吓得大哭起来，一个日本兵见了端着带血的刺刀又向我捅过来，我当即就什么也不知道了。当我醒来的时候，发现身上有三处刀伤，满身是血。更可怜的是，我那 16 岁的大姐，躺在方桌上，衣服没有了，身上流着血，两腿垂在桌边，凶残无耻的日本兵还将一根拐杖插进她的下身。我哭啊喊啊，但是她死了，再也不能动了！12岁的二姐躺在床边，紧闭着双眼，衣服被扒光，大腿和肚子上满是血迹，阴部被日军塞上花露水瓶子，身体已经凉冰冰的。妈妈横卧在堂屋的桌子边，也死了，她的两个乳房被日本兵割掉了，留下两个血坑，整个成了血人！显然，她们是被日本兵糟蹋后又惨遭杀害的。我一家九口人，被他们杀了七口，只剩下 8 岁的我和 4 岁的妹妹。

关于日军将妇女强奸后杀死或刺伤的记载，在安全区国际委员会档案中比比皆是：

12 月 17 日，在拉贝居住的小桃园后面的一栋小房子里，一名妇女遭强奸并被刺伤。

12 月 17 日，一名年轻姑娘在司法部大楼附近遭强奸后被刺伤下身。

12 月 18 日，一个茶馆老板 17 岁的女儿被七个日本士兵轮奸并死于 12 月 18 日。同一天，在平安巷，一名姑娘被日本士兵强奸致死。

12 月 19 日晚 6 时，七个日本士兵在颐和路 6 号强奸了六位妇女，其中两名妇女被刺刀刺伤。

……

▲1938 年 1 月，日军在南京开设慰安所，日军官兵拥挤在门前。

至于拒奸的妇女，遭遇则更为凄惨。12 月 18 日，沙洲圩梁杨氏因对两名日军强奸不从，被推入水中淹死。12 月 15 日，在状元境 46 号，吕王氏分娩后刚五天，被日军强奸未遂，母子均被日军用被褥闷死。住马道街 44 号的居民丁李氏则向人们哭诉了她的长女被日军开枪打死的情况："南京被侵华日军占领后，日军到处乱闯。因为我们家境贫寒，未能迁入难民区暂避，和同门的高姓人家困守家中。农历 11 月 12 日突然来了五六个日本兵，看见我的长女丁振清，欲行强奸，她宁死不从，用双手护住胸部，竭力抵抗，日军强行将她的衣襟撕破，未遂其欲。日军竟然开枪将我女儿击毙，当时她才 24 岁。"

当时留在南京的难民曾目睹了日军对拒奸妇女施以酷刑的惨状，1938 年 7 月出版的《日寇暴行实录》记载道："有时用刺刀将奶子割下来，露出惨白的肋骨；有时用刺刀戳穿下部，摔在路旁，让她惨痛呼号；有时用木棍、芦管、萝卜塞入下部，横被捣死，日寇则在旁拍手大笑。"

在日军的暴行下，南京城内外，城墙根、街道巷里、民宅中、沟渠边，到处都有赤身裸体的妇女尸体。汉口《大公报》刊载的《虎口余生话兽军》一文写道："走到街上，黑烟红焰，仍然没有断，同胞的尸体可实在多得可怕，特别增加了许多裸体女尸，有的很可以看出是反抗暴行，才被敌军顺势来个剖腹，手臂上都是伤痕，十个总有八个是肚子破着，肠子挤到外边来了，还有几个母亲和血污的胎儿躺在一起。"

目睹这一惨景的李克痕，在其《沦京五月记》中也有一段类似的记载："街头上有很多轮奸致死的女同胞的尸体。通身剥得精光，赤条条的，乳房被割下了，凹下的部分呈黑褐色……有的小腹被刺破了好些洞，肠子涌出来，堆在身旁地上，阴户里有的塞一卷纸，有的塞一块木头。"

侵华日军在南京奸淫妇女的暴行，将被永远钉在人类文明史的耻辱柱上。

大 肆 抢 劫

日军侵占南京后，在杀、烧、奸淫的同时，还到处进行有组织的大规模抢劫掠夺。日军所到之处，十室九空，不论私人住宅或公私仓库、商店的财产，大凡粮食、牲畜、机器设备、精美家具、金银珠宝、衣被鞋帽，甚至一头猪、一只鸡也不放过，几乎无一不抢。日军表现出对一切物资的贪婪本性，是一伙十足的强盗。

◎ 什么东西都抢

日军占领南京后即闯入居民家中及难民收容所内，大肆抢劫。当时在宁的一位外国侨民在致友人信中如实介绍了他所看到的情景："全城所有的私人住宅，不论是被占领的或未经占领的，大的小的，中国人的或外侨的，都蒙日军光顾，劫掠一空。"

1937 年 12 月 13 日，门东骂驾桥 6 号邓志陆家，其母邓何氏因不忍舍弃毕生家业，坚持不肯去难民区，邓志陆遂令子邓嘉荣也留在家里陪伴奶奶，他们自以为一老一小，日军总不致太为难他们。可是，日军闯入邓家后，即对邓何氏拳打脚踢，并用刺刀逼其交出财物。见老人不交，日军又生一计，诬指邓嘉荣是中国兵，将他打得遍体鳞伤，并以杀死相威胁。看到孙子被打并有生命之虞，老人的心在痛，为了救出孙子，老人被迫交出了所有积蓄：银币300元、现钞900元、金镯两副、金戒指四只。日军勒索到财物后，又将祖孙二人赶出家门，没走几步，日军开枪将邓嘉荣和邻居田小八子打死，随后，日军又返回邓家，将屋内财物、家具、衣服等抢劫一空。可怜的老奶奶躺在地上，捶胸拍腿，呼天号地，令人撕肝裂胆。

▲日军在南京市内用卡车、马车、自行车、独轮车甚至儿童车等装载抢劫的财物

南京安全区国际委员会主席拉贝在1937年12月14日日记中记载了当天驾车穿越市区时目睹的日军抢劫情形：

日本人每十人至二十人组成一个小分队，他们在城市中穿行，把商店洗劫一空。如果不是亲眼目睹，我是无法相信的。他们砸开店铺的门窗，想拿什么就拿什么，估计可能是因为他们缺乏食物。我亲眼目睹了德国基斯林糕饼店被他们洗劫一空。黑姆佩尔的饭店也被开了，中山路和太平路上的几乎每一家店铺都是如此。一些日本士兵成箱成箱地拖走掠夺来的物品，还有一些士兵征用了人力车，用来将掠夺的物品运到安全的地方。……贝茨博士报告说，甚至连安置在安全区内房子里的难民们仅有的一点点东西也被抢走了，就连仅剩的一元钱也逃不出闯入者的手心。

12月16日深夜，金陵大学图书馆内，被日军惊扰一天的难民们刚刚睡下，一群日本兵破门而入，他们拔出刺刀，向难民们索要金银首饰、钱和女人。可难民们大多已身无一文，他们的钱财已被前几批日军抢走了。但是拿不到钱财的日本士兵岂肯空手而回，他们用枪托打碎了窗户的玻璃，并将几位声称没钱的难民从窗户里扔到了室外。在日军的淫威下，一些难民从贴身的口袋里掏出了最后一点银元、现钞，战战兢兢地交给了凶神恶煞般的日本兵。日军带着尚留有难民体温的钱财扬长而去，难民们沉浸在一片痛苦的哀伤之中。

12月18日下午4时，一群日本兵来到颐和路18号纸烟店，强索香烟，由于店内香烟早已告罄，无法满足其要求，日军即用刺刀猛劈店伙头部。

1938年2月5日晚7时，两名身穿大衣、腰挂手枪的日本士兵越墙偷入颐和路25号二层楼房。他们先以手枪威逼，将在该处避难的男子全部集中，不准走动，然后实施抢劫，抢走的财物计有：袁某戒指一只、现洋1元，徐某现金15元，刘某现金1.3元，乐某现金1元。接着，他们又窜入隔壁人家，劫走现金5000元。

日军不仅抢劫市民的财物，连蒋介石的办公室和私人官邸

▲南京国民政府遭抢劫后内景

也遭到抢劫。日军占领南京后，日军第16师团师团长中岛今朝吾将位于黄埔路陆军军官学校内蒋介石的官邸作为其住所，他不但将蒋介石办公室内的古物陈设盗窃一空，甚至连蒋介石的私有财产也都掠为己有。中岛后来升任驻扎东北的日第四军司令时，即将他在蒋介石官邸及其他各处抢劫的大批物品，分装为32包，寄至东京。其中有许多的古董和古艺术品。

更有甚者，日军连投靠自己的汉奸、伪南京自治委员会主席陶锡三的住宅也不放过。陶锡三在市府路27号住宅内的所有全部红木家具、衣箱、瓷器、钢器及一切用品，约值四五千万元，均被中岛师团天野部队抢劫一空，连佛堂内供奉的老祖笔画像、祖宗神位、父母遗像及各种经典，也全被劫走。

日本侵略者对所有东西都表现出无尽的贪婪，他们什么东西都抢，城内差不多每一所房子都遭他们搜劫几次，各种车辆、食物、牲畜、衣服、被褥、银钱、首饰、钟表、地毯、古董、香烟、鸡蛋，甚至香烟嘴、皮夹、电筒、日记、钢笔、纽扣等，只要他们认为需要的，不管值钱或不值钱，全都劫走。档案里记载着一次 30 多名日军在鼓楼医院及其护士宿舍中抢劫的物品：自来水笔六支、法币 180 元、手表四只、绷带两包、电筒两只、手套两副和绒线衫一件。南京安全区国际委员会财务主管克里斯蒂安·克勒格尔（礼和洋行工程师）在 1938 年 1 月 13 日的报告中记载了日军在南京大肆抢掠的情形：

　　从 12 月 14 日起，局势出现急剧恶化。日本的战斗部队因为进军过快，出现补给不足，城市便听任他们处置，他们的所作所为，尤其是对最贫穷最无辜的人的所作所为，完全超出了常人所能想象的地步。他们抢走难民（穷人中最穷的人）的大米，凡是能拿走的粮食储备他们悉数掠走，他们还抢睡觉用的棉被、衣物以及手表、手镯，一句话，凡是他们觉得值得带走的东西，就全部抢走。谁要是稍有犹豫，就会立即遭到刺刀戳刺，有不少人就是在不明不白之中在这种野蛮行径之下惨遭杀害，成千上万的人就这样被杀害了。这些已经堕落成野兽的兵匪不断地闯进难民区和挤满难民的房子，甚至连先行抢劫的士兵不屑一顾的东西也不放过。今天在南京城，几乎已找不到没有被日本士兵砸开、野蛮搜查和抢劫的房子。上锁的门和橱柜被强行砸开，里面的东西被翻得七零八落，东西被抢走，或被弄坏。……他们四处搜寻偷抢汽车和自行车，如果弄不到运输工具，他们就命令佣人或收容所的难民为他们搬运偷抢来的物品。经常可以看到一个士兵在后面用枪逼四名苦力拖运偷抢来的物品。拖运的工具有童车、手推车、驴子、骡子等等，总之，凡是可以找到的东西都用上了。

一位留宁的外侨也叙述了日军抢走难民身上最后一枚铜板的情形："我们看到日军劫掠最可怜的穷人，连一个铜子和一条棉被都不准保存（现在正是严冬），连黄包车夫的车子也无法幸存……实际上可供掳掠的东西已经很少，整个城市已经是空无所有了。"

日军第 16 师团师团长中岛今朝吾在 1937 年 12 月 19 日的日记中也不得不承认："日本军又争先恐后地侵入，不管是否是自己的分担地区，一路抢劫，当地民宅均为之洗劫一空，狼藉不堪。"

日军除闯入民宅抢劫外，还以检查行人为名，进行搜身，将所有钞票及首饰等贵重物品全部抢去，遇到稍漂亮些的衣服，也强行剥去。难民宋朱氏，原住水西门外小百圩，日军占领南京后，与丈夫及两个亲戚避难于黑桥，因听说难民区内比较安全，他们就挑了五床棉被和用具等两担东西，准备前往难民区，但走到江东门时，所有财物都被日军抢走。1938 年 2 月 1 日，一位姓肖的难民在西康路遭四个日本兵搜身，身上仅有的 5 元法币被抢走。

日本侵略者在对居民进行抢劫的同时，还有组织地对机关、学校、工厂、仓库、店铺进行大肆抢劫。南京的店铺除国际委员会的米店和一个军用仓库外，都被日本侵略者抢劫一空。

位于南京浦口的永利铔厂是当时具有世界先进水平的化学工厂，经著名实业家范旭东的苦心经营，于 1937 年 2 月造出了中国的第一批硫酸铵。日本侵占南京后，即派三井物产会社将该厂接收，后又将其改名为房礼化学株式会社浦口工业所，强行生产他们从事侵略战争所需的产品。1942 年，日本侵略者又将永利铔厂生产硝酸的全套设备劫往日本，包括八座吸收

▲日军劫掠的物品

塔、一座氧化塔、一座浓硝酸塔，以及鼓风机、酸泵、离心泵等，共 28 套 1482 件，均为贵重的合金钢板制成，总量毛重达550 吨。这些设备劫往日本后，安装在九州大牟田东洋高压株式会社横须贺工厂。抗日战争胜利后，经派人多次交涉，日本才于 1948 年交还劫物。

创建于 1921 年的中国水泥厂，为当时中国重要水泥厂之一，日军占领南京后，以"军事管制"名义将工厂交给日本三菱公司所属磐城水泥株式会社经营，有不少设备也被日军先后掠往日本。

日军为在南京创办"新报社"，派人抢劫了商人潘伯奎等合资经营的仁德印刷所，抢去机器、铅料、纸张等共十七卡车之多。

日军不仅大肆抢劫机器，到后来见铁就抢，以至僧寺内之铁鼎大钟、文德桥的铁栏、商店的铁门、电厂水厂的铁锅炉等，均成为其抢劫对象。

强盗般的日本兵，为了搬运抢劫来的物品，动用了大量军用卡车、人力车，并"征发"了南京各国使馆的汽车，甚至连国际委员会准备用于消防的四辆救火车也在陷落的第二天即被"征发"，以供日军运输之用。军医蒋公毂在日记中描写了他所亲见的日军搬运劫物时的情形："我每见到他们部队移动时，后面必定踢踢踏踏跟着许多破汽车、烂的人力车、牛车、小车和驴子，都满载着，外面拿油布遮住。这掩耳盗铃的办法是欺蒙不了众人耳目的，谁都晓得这是抢来的贼赃呀！"

在 1937 年底到 1938 年的一段时间里，每天都有大量的卡车络绎不绝地把抢来的器物运到下关，装上火车轮船，运往日本。

中国第二历史档案馆馆藏档案中，有一份关于日军在南京抢劫财物的记载：

器具：二千四百多套又三十万九千件；

衣服：五千九百多箱又五百四十万件；

金银首饰：一万四千二百两又六千三百多件；

书籍：一千八百多箱又十四万四千八百册；

古字画：二万八千四百件；

古玩：七千三百多件；

牲畜：六千二百多头；

粮食：一千二百万担。

尽管上述数字已经很大，但远不是日军在南京抢劫公私财产的全部。如能将日军在南京所抢物品基本数字计算出来，将是惊人的天文数字。

◎ 外侨财产也未能幸免

南京是国民政府首都，这里有世界各国驻华使馆，外国人所办工厂、洋行、公司，教会所办教堂及大、中、小学校和医院，还有大量外侨住宅。南京沦陷前夕，各国驻华使馆和外侨大都已经撤离南京，他们将自己的房屋、财产等委托中国雇员看守。日军占领南京后，在抢劫中国公私财产的同时，无视国际公法，对外侨财产也进行了肆无忌惮的抢劫。正如当时留守南京的一位外侨在致友人信中所言："城内差不多每一所房子都遭日本兵搜劫几次，即使美国、英国、德国大使馆和大使住宅，以及外侨财产的一大部分，也未能幸免。"

1937 年 12 月 14 日上午，数十名日本士兵在日本军官的带领下，来到英国大使馆。一到即将大使馆团团包围，枪口由竹篱隙缝伸向里面，随后，日本军官带几名士兵进入馆内，把里面的所有东西都翻得一塌糊涂，半小时后，满载而去。大使馆拥有的 11 辆汽车和两部卡车也被日军抢走。

▲遭日军抢劫后的英侨财产

位于五台山上的美国大使馆，南京沦陷时只有两位美国记者留在这里，另外住着看门的中国职员及 300 多位避难的难民。从 12 月 15 日至 24 日短短十天的时间内，五次遭到日军的骚扰和抢劫：

12 月 15 日清晨，就有身穿黑制服的日本特务来到这里。一位美国记者出面与他们周旋敷衍。结果还是被他们强行开走汽车数辆。当天下午，又有几名日本兵逾墙窥探，想爬进来抢东西，被记者擎枪喝退。

17 日，两名记者离开使馆后，日军来此抢劫更为频繁，他们强行撬开地下的汽车房，抢去数辆汽车。这些汽车都是使馆人员及美国侨民寄存在使馆里的，各人已将钥匙带走，但日本兵将锁内电线割断后强行推走。

19 日，又有数名日军来抢汽车，使馆内的华籍职员对他们毫无办法。到这一天，使馆内所有可以行驶的汽车都被日军抢走。

23 日中午过后，日军士兵爬过围墙，从公事房内抢走一只表和法币 6 元。

24 日一早，日军又来抢走大使馆内仅存的两辆无法正常行驶的汽车。

一位外侨在给上海友人信中叙述了 12 月 16 日家中遭日军抢劫后的情况："16 日，我赴布克教授处晚餐，乘便回去视察我的住宅。两面美国旗还飘扬着，门上贴的大使馆布告也依然存在，可是门户已经洞开，进去一看，凌乱万状，所有箱橱抽屉，均被打开，阁楼上尤其扰得不成样子。被褥、衣服和食物，多不翼而飞。王正廷博士赠给我的麻栗树屏风架，雕刻精美，也失踪了。"

一名在鼓楼医院做总务工作的美国传教士，受教会委托，每天或隔天就去查看教会位于白下路的房产，发现自日军入城后，所有的锁都被破坏了，所有的衣箱都被搜索过。为了寻找金钱和贵重物品，日本兵四处搜索，连烟囱的通道和钢琴内部也不放过。

第二次世界大战时期，日本与德国结成了法西斯同盟，但在日本强盗的劫掠下，德国驻华大使馆及德侨财产也未能幸免。据拉贝报告，五十余所德侨住宅，未经日军抢劫的仅有两所，未被抢走的汽车也只有大使陶德曼和秘书罗森两人的。1938年1月15日，德国大使馆罗森在给德国外交部的报告中写道："许多德国楼房被恶意烧毁，有些楼房被洗劫一空，几乎所有的人都遭受不同程度的劫掠。"

1938年2月1日，德国大使馆沙尔芬贝格在给汉口大使馆的报告中，开列了德国人遭受日军抢劫损失的不完全名单："罗德公寓被洗劫一空，遭受严重抢劫的还有沙尔芬贝格宅邸（损失约5000美元），施特雷西乌斯宅邸、布卢墨宅邸、冯·博迪恩宅邸、博尔夏德宅邸、尤斯特宅邸、森斯齐克宅邸、林德曼宅邸以及孔斯特和阿尔贝斯宅邸。开列的这份名单还不完全，因为还有人在不断遭受抢劫。"

当时，一些留在南京的外侨，曾不断将日军抢劫外侨财产的暴行写成报告，向日本使馆提出抗议。这些材料至今仍保存在国家档案馆内，兹仅摘录12月13日至20日中的一部分，以窥全貌于一斑：

12月13日，孔斯特和阿伯斯（译音）在金银街的住宅，遭到日本兵的搜查。门全部敞开着，窗子被捣碎，东西全部被抢光。

12月14日，日本兵闯入美籍鲍育女教士的住宅，抢去皮手套一副，喝干桌子上的牛乳，并以手捞取糖块。

▲南京外侨财产也遭日军劫掠，图为被毁坏的德侨财产。

12 月 15 日，美国大使住宅，被日本兵闯入搜查，并劫去几件日用物品。

12 月 15 日，德商孔士洋行门户洞开，搜索殆遍。至究竟什么东西被劫，目前尚难查明。

12 月 16 日下午 3 时许，克鲁治的汽车连同一些书籍和四桶汽油全被抢走。

12 月 17 日，日本兵偷走了停在云江新村（译音）6 号门前克鲁治先生汽车里的照相机和胶卷。

12 月 17 日，拉贝报告，约 15 名日本兵闯入他的住宅，有几个攀墙而入，刺刀出鞘，气势汹汹，抢劫助理员韩祥麟（译音）身上的钱币和几种文件。他开具失单，向永井少佐报告。承蒙永井少佐好意，写了一幅大布告，贴在拉贝的大门上，禁止日本兵擅自闯入。拉贝是德国人，四面国社党旗飘扬屋上，可是什么都没有效力。拉贝于下午 6 时回去时，又有两个日本兵闯入。日本兵窃去拉贝住宅内的一辆汽车，留下收条如下"谢君厚礼，日军佐藤。"拉贝要求正式的收据，遭到拒绝。汽车的价值约300元。

12月18日下午6时，给德籍兹姆逊先生送物品的一辆福尔特牌摩托车，在琅玡路11号被三个日本兵抢走。

12月19日上午8时半，日本兵抢劫珞珈路16号悬有德国国旗的德侨住宅。车夫李文元（译音）阖家大小八口，均住该宅，所有衣服七箱，家用杂物两篮，被褥六条，蚊帐三顶，法币50元，以及碗碟，等等，被掳掠一空。全家受着饥寒的威胁。

12月20日下午，一日本兵闯入汉口路5号邓尼尔医生的住宅，该宅前门贴有日本大使馆的布告。他们从地下室中取去脚踏车三辆。

12月20日，日本兵多次到中山路209号"特克泽苛"（译音）公司，抢去被褥、鞋子、地毯以及其他家具等，所有的门窗玻璃全被砸坏。在楼下，日本兵从金陵摩托车行劫走三辆摩托车。在卫生工程公司，砸坏了保险箱，抢走了座钟和其他东西。

12月20日下午4时，两名武装日本兵进入豪生（译音）六分厂，抢走许多成衣。

日军在南京的抢劫掠夺行为，永远为人类所不齿。

纵 火 焚 烧

日军占领南京后，在屠杀、奸淫、抢劫的同时，还大肆纵火，焚烧民居、商店、学校、医院、寺庙。在日本侵略者的淫威下，古老而又繁华的南京城，成为一片火的世界。

◎ 烈火浓烟笼罩全城

日军攻占南京后，南自中华门，北至下关江边，日军所经之路，均燃起熊熊大火。自 12 月 20 日起，日军更有计划地对南京全城进行大规模焚烧。

▲日军侵入南京后，沿街纵火，焚烧民居、商店。

留在城内的难民曾亲眼目睹日军纵火焚烧的情形："其烧屋方式，先认为可烧者，由日寇于门上画一记号，纵火者则按号以化学液体药品倾门窗上，即能燃烧，虽泼水不能熄灭，巨室屋楼，转瞬间化为乌有。"

时任国际安全区委员会副总干事的费奇，在 12 月 20 日中的日记中也有记载："暴行继续不已。全城大火蔓延。午后 5 时，我偕史密斯君乘车出外，城内最重要的商业区太平路一带，烈焰冲天。向南行，我们看见日本兵在店铺内放火。更向南行，我们看见日本兵忙着把东西装入军用卡车。青年会已起火，尚未波及附近的房屋，起火的时候，显然不久。我们无心细看，匆匆前进。夜间我从窗口眺望，十四处火舌向天空飞腾。"

鼓楼医院医生威尔逊在 12 月 21 日的日记中也写道："到目前为止，超过一半的城池被烧光了。每个商业区都被点上了大火。我们这群人确实看到他们在几个地方放火。昨天回家吃晚饭前，我数了一下，有十二处火场。今晚同一时间，我数了有八处，其中几个地方包括了整个街区的房子。我们附近的大多数商铺都被烧光了。"

日军的纵火焚烧，长达一个多月，给南京带来了巨大的灾难，到处是烈火浓烟，无数商店、住宅和街道，在烈火中毁灭。

位于南京新街口闹市区的中央商场，建成于 1935 年底，1936 年 1 月正式开业，场内有九十多家商店营业，是当时南京最大的一座综合性商场。日军占领南京后，纵火焚毁了商场二楼，楼下则成了日军的马厩。

新街口糖坊桥 68 号，严海湖、毛顺隆经营的马车工厂及住宅房屋十间，以及所有工厂用具、衣物，全部毁于一炬。

新街口明瓦廊大香炉曹都巷 2 号，市民僧梓涛的住宅，平房、楼房十三间及所有家具，全部被日军焚毁。

宁海路头，一群日军将居民住宅中的桌椅搬出，在路边摔散、踩断，围成一圈，烤火取暖。

山西路旁，几名日本士兵拆毁一座邮亭，顺手夺过大饼摊上的油壶，把食油浇在木材上点燃。

一个月后，中央社记者以《大火遍全城》为题报道了日军在南京纵火焚烧的暴行："敌军于 13 日进城，乘炮火未尽之气焰又大施纵火，到处狂烧，猛烈之巨火浓烟笼罩于全城，达一月之久。此空前大火，使城内居民无时不在惊骇恐怖中，其延烧区域计有中华门、夫子庙、中华路、朱雀路、中正路、国府路、珠江路及陵园新村等地带，所有高大建筑及商店房屋均付之一炬，凄惨情况，目不忍睹。"

南京沦陷后躲避在难民区内的军医蒋公毅，在日军大规模纵火停止后，搭乘安全区国际委员会委员李格斯的汽车，到新街口以南绕了一趟，所见触目惊心，他伤心地写道："沿街房屋，百不存一，屋已烧成灰烬；而它的两壁依然高耸着，这可见敌人纵火的情形，确实是挨户来的。行人除敌兵外，绝对看不到另外的人，一片荒凉凄惨的景象，令我们不忍再看。"

日军纵火焚烧后的南京惨相，从伪自治委员会 1938 年 3 月所作的《整理清洁全市道路计划书》中也可窥一斑："城乡内外商铺居户房屋焚毁倾倒，比比皆是……全市大街小巷房屋焚毁之余烬，即残余木料、瓦屑碎砖、破墙灰土、废坏铜铁，以及折断电杆、电线等物，七倒八斜，零零落落，途为之塞。"

对于日军的野蛮纵火行径，当时留在南京的外侨以及安全区国际委员会，出于人道和对日军暴行的愤慨，曾多次向日使馆致函和提出抗议。12 月 20 日下午，日军纵火焚烧青年会后，有 14 名外侨出于义愤曾亲往日使馆提出抗议，日使馆的答复是"日军不受统御，无法制止"。12 月 21 日，留在南京的 22 名外侨又联名上书日本大使馆，强烈要求立即制止日军有计划的放火暴行，并迅速恢复秩序。1938 年 1 月 7 日，国际委员会又致函日本大使馆参赞福田，并附《恢复南京正常秩序意见书》一份，再次强烈要求日军制止纵火行为，函中指出："放火行为必须制止：1. 目前被焚烧的不仅限于店铺，许多住宅同时遭殃。2. 火焰弥天，物质资源日趋耗竭，经济生活更难维持。3. 电线水管破坏。4. 一般平民在心理上愈感不安，恐迁回以后，房屋仍不免付之一炬。"

▲ 南京城内到处浓烟滚滚

但是，日本大使馆对于外侨及国际委员会的抗议，或百般推托，或置若罔闻。暴行一直延续到 2 月初始渐平息。

眼看家园被焚烧，市民们的心在滴血，他们自发起来前往救火，但凶残的日本兵则以乱枪射杀，或将救火者推入火堆活

活烧死。李克痕在《沦京五月记》中写道:

敌人又到处纵火焚毁房屋,尤以中华路、太平路、夫子庙等处为甚,烧得片瓦无存,往日是繁华街市,今日却变成一片废墟,残瓦颓垣,真令人触目伤心,总之自敌军进城,终日火光冲天,烟雾弥漫,放火烧屋几成了他的能事,有时且迫我百姓前往救火,却将我同胞推入火堆,看其活活烧死,而残暴无人性的敌兵,却鼓掌大笑。

家住王府巷的左润德曾目睹日军在丰富路卫生所纵火并将救火市民刺杀,他控诉说:"晚上,日军在丰富路卫生所(今建邺医院)放了火,火势很大,附近的居民都纷纷赶去救火,不料救火的人刚跑到跟前,早埋伏在隔壁军营(今省委党校)的日本兵大批翻墙而出,端着刺刀就向救火的人乱捅,捅死就扔进火堆里,有的还被日本兵推进火里活活烧死。"

数天后,在红十字会埋尸队干活的左润德来到了丰富路卫生所废墟现场,呈现在他眼前的是惨不忍睹的景象:百余具烧焦的尸体,横七竖八地堆放在那里。

◎ 中华路、太平路成废墟

中华路和太平路是 20 世纪 30 年代南京最繁华的两条商业街,在日军的纵火焚烧下,几乎全成废墟。

中华路南起中华门城堡,北至内桥,是南京历史久远的商业中心,早在 1300 年前就是都城的御道。国民政府建都南京后,耗资 16 万元,将该路扩建、拉直,1932 年竣工后,大商店云集,逐渐成为绸布、钟表、糕点和金融业汇聚的闹市区。

12 月 13 日,日军由中华门攻入城内,随即纵火焚烧,从中华门一直烧到内桥，街面店铺和居民住宅百分之七十被烧毁。中华门17号，商民汪戴氏平房两间及家具被焚烧；军师巷14号，商民王大铮房屋六间被焚毁；膺府街14号，市民卢继野平房十二间被焚毁；钓鱼台72号，商民王子亭家具被焚；钓鱼台84号，市民丁万和平房两间被焚；钓鱼台86号，商民张志存平房四间及家具被焚毁；西钓鱼巷14号，市民王朱氏大小平房十五间及家具等件被焚毁；中华门循相里房屋数十幢，均遭焚毁。日军还用硫黄弹射于剪子巷6号，将陶秀夫家瓦房二十四间全部焚毁。回民金洪昌则向人们诉说了日军将其在中华路内桥附近开设的"金玉兴饭菜馆"烧毁的情况：

▲遭抢劫焚烧后的中华路

日军进城后，三十几个日本兵端着上了刺刀的步枪，杀气腾腾地冲进饭菜馆，把6000多块银元以及其他贵重物品抢劫一空，又用刺刀挑起挂在墙上的'太斯米'（清真饭馆的标志）和名人字画，点火焚烧。不一会，他们又向楼上掷了几个燃烧弹，只听轰轰几声巨响，顿时火花四射，全楼起火燃烧起来。三个小时后，饭馆变成一堆废墟。

1938年6月，南京交通银行会计主任黄钰受命赴南京调查日军破坏情况，他在调查报告中提到中华路时说："中华门至内桥之中华路，百分之九十九，全毁于火，破瓦颓垣，绵至数里，几无一完栋。"

与中华路平行的另一条商业街太平路，是1931年在花牌楼大街的基础上扩建而成，南接夫子庙，北连大行宫，商店云集，车水马龙。日军占领南京后，这里也遭到了毁灭性的破坏。

1938年2月1日，德国人沙尔芬贝格在给德国外交部的报告中，叙述了他在太平路看到的情况："太平路两旁的房屋全部遭到破坏。我不得不尽力使自己相信这一点。这条街上的房屋全部烧毁。"

当时留在南京的外籍人士克鲁治、史波林、费奇、史密斯等六人，曾亲眼目睹日军在太平路一带进行有组织的纵火暴行，为此，他们于1937年12月21日写了一份调查报告，报告称：

12月20日下午5点到6点，费奇先生和史密斯医生沿保泰街行走，然后向南朝太平路走去，再顺太平路走到白下路南面。这一带路上挤满了卡车和汽车，正在装运商品货物。北边从珠江路南边小河开始，南边一直到白下路，看到有15队到20队日军。这些日军显然是在下级军官统领下，有些站在大街两旁观看正在燃烧的房屋建筑，有些则从商店搬运商品货物；在另一些店铺里，看到有些日军在地板上烤火。

在日军纵火焚烧下，太平路从大行宫至白下路口，焚毁达百分之九十五六，除杨公井中华书局及毗连之十余户外，几乎全部毁于大火。

▲劫后的太平路

◎ 长乐路街面被连片焚烧

位于城南的长乐路，是一条东西向、与中华路十字相交的支路。该路路幅不宽，虽不及中华路、太平南路繁华，但因城南民居较众，各色商铺虽不算大，倒也应有皆有。在日军的焚烧下，长乐路遭到了毁灭性的破坏。其毁灭程度，从中国第二历史档案馆馆藏档案记载中可窥一斑：

长乐路 173 号，系商民张宗仁所开杂货店铺，有三开间楼房、三进平房、三间披厦共六间，南京沦陷时，店内存有白糖七十余件、油五十余担、盐一百八十余担、杂货一百四十余担、米面数十担、酒四十余担、酱货八十一缸；另在 226 号设有货栈，有白铁房三大间、披房五间，存油四百八十余担、酒七十余坛、坯货一百二十余缸、碱一百三十余担、火油八十听。以上两处房屋、财物，均被日军付之一炬。

长乐路 196 号，是具有六十年历史的童恒春药店，日军进城后，肆意纵火，"延烧全部房屋计十四间，厢房八间，阁楼一间，木造高架晒台一座，以及各种粗细药材、参燕、货物与生财装修家具，并各用人之行李等，均被焚毁，损失尽尽"。

长乐路 204 号和 169 号，是商民张俊开设的肉铺，"有楼房各一进，披厦一间，内存各肉案二扇，刀共大小十把，秤大小六把，活猪十余只，行李全部，房屋货物，悉被敌军中岛部队焚毁，损失尽尽"。

长乐路 210 号，是盛实甫开设的永康百货商店，有住宅楼上下两间、披厦一间，店内有男女中年及幼年胶鞋八十余打，各种毛巾六打，各种毛线一百余磅，男女袜一百余打，丝线一百余两，大中小铜锅六十余打，洋机线一百余打，牙刷一百余打，还有香烟、百货、日用品等，全遭焚毁。

长乐路 214 号，是商民盛仲卿开设的森源祥金腿号腌腊食品店，有楼房、平房、披屋十余间，"内存东阳火腿八百八十余只，金华火腿一千一百余只，冲南火腿二千八百余只，香肚一万五千余个，香肠五担，干海参十余石，鸭肫一万五千余个，肚皮五万余只，家具、生财以及衣服等件，悉被敌军中岛部队入城肆意放火焚毁"。

长乐路 220 号，系商民冯兆美经营的香烛店，共有楼房、披屋九间，"内存香古百余担，烛十余担，烛油百余担，白蜡百余斤，贡檀四百余斤，鞭五大箱，黄十余担，箔十五箱，烛芯及钱纸十余担，烛红两打，生财全部，行李等物全部，悉被敌军中岛部队入城肆意放火焚毁"。

长乐路 222 号，是潘守华开设的纸店，内有表芯纸二十余担、锡箔一百块、新闻纸二十余令、毛边纸三十余令、红纸二百刀、木造纸十令、信封十万个、黄表纸十件，连同房屋、家具等物，全部遭火焚毁。

短短几十米的街面，就有九家店铺百余间房屋被毁。日军留给南京市民的只有废墟与冻饿。

▲南京市内的断壁残垣

◎ 下关码头、车站被烧光

下关位于南京城北，因有长江、秦淮河水运之利而成为商品集散地。江边设有中山码头、首都码头、三北码头、招商码头，长江里来往船只如梭。民国时期，这里又成为津浦、沪宁两铁路的交汇处。每天，都有大量的旅客、货物通过船只和火车从大江南北来到这里，商业日趋繁荣。1930 年，国民政府又出资数十万元，修建了 30 米宽的热河路，两旁商店鳞次栉比，商业更为繁华。下关已成为南京一个重要的商业区。

南京沦陷后，下关成为侵华日军最大的杀人场，尸横遍地，血迹斑斑。同时，日军更大肆纵火，除了仪凤门到惠民桥一段还算完整，整个下关地区毁得七零八落，没有几幢完好的建筑物。中山、首都、三北、招商等码头及下关车站均被焚毁。到处是残垣断壁、焦黑灰烬。一位到下关采访过的日本记者长野郎在其《北支中支游记》一书中写道："下关 7 点天将黑时，到达南京下关车站。几个月以前还以首都大门自诩的下关车站，现在也烧光了片瓦无存。"

▲遭日军抢劫焚烧后的南京街景

▲下关大马路一带被毁情形

文 化 摧 残

南京是一座具有悠久历史的文化名城。经历代经营，这里既有遍及紫金山麓、秦淮河畔的古迹名胜，又有代表当时中国最高学术研究水平的中央研究院及中央大学、金陵大学、金陵女子文理学院等教育机构，还有中央图书馆、国学图书馆、南京市立图书馆等馆藏丰富的图书馆。

日军在侵占南京期间，无视国际战争法规关于保护一切文化设施的规定，在制造惨绝人寰的南京大屠杀的同时，肆意摧残文化事业，对国民政府中央机关和南京有关政府部门、公私图书馆、博物馆、文化和科研机构、学校等所藏文物、图书文献等，或大肆抢劫，或加以焚烧，上演了一幕摧残和毁灭中国文化的丑剧，给中国乃至世界文化事业造成巨大损失。

◎ 古迹遗存的劫难

侵华日军在攻打和占领南京期间，肆意毁坏文化古迹。

位于城南秦淮河畔的夫子庙，始建于北宋景祐元年（公元1034 年），是供奉和祭祀著名思想家、教育家孔子的处所，同时也是江南学官所在地。整个建筑群占地广阔，南临秦淮河，东起姚家巷，北凭建康路，西界四福巷，重楼叠阁，雄伟堂皇，布局和结构，都"居东南各省之冠"。主殿大成殿，内中供奉孔子牌位。日本学界公认孔子对日本文化有深远影响，但是，日本占领南京后，立即纵火烧毁了作为古代南京文教中心的夫子庙，大成殿、魁星楼、六朝居、奇芳阁、得月楼及所有配殿、楼阁荡然无存。据南京市档案馆所藏档案记载，伪督办南京市政公署社会处职员李安达1938年8月29日曾赴夫子庙视察，其所见真实地反映了遭破坏后的夫子庙惨状：

> 由棂星门入，见丹墀内系有马匹多头，秽气四溢。右首厢房为日僧日向所办之日语学校。二进戟门五间，已非本来面目，前为日军改作隔离病室，至圣神位已移至该处右侧之小房内，且有损残。大成殿则更不堪，偌大之窗格，竟均被人搬去作为燃料，而五彩之天花板，只余半数，殿顶右侧，均已倾圮。后殿及西抚门窗皆无，情形亦与大成殿同。后殿右侧之平房四间，以及松柏树木，悉被拆除、砍伐，以作薪料，颓垣败壁，荒芜不堪，马粪遗矢，到处皆是。

▲劫后的夫子庙成一片废墟

位于南京南郊的牛首山，山高240余米，是著名的佛教圣地，也是"牛头宗"的发源地。1000多年来遍布梵宫琳宇，佛寺相连。唐贞观年间，香火鼎盛，传及四方。日本传教大师最澄来南京，将"牛头宗"带回日本。抗战前夕，虽然古寺名刹已趋衰败，但还有不少寺庙建筑，蔚为壮观。南朝宋大明三年（公元 459 年）始建的幽栖寺，天王殿高二层，回廊与大雄殿相通。天王殿后再拾级而上，有大雄殿、三世佛、观音、十八罗汉，殿宇轩敞。山中有文殊洞、观音寺，寺依山岩悬空而筑，飞阁逶迤，下临无地。牛首山还是一绝佳风景区，翠谷丹崖，古柏掩映，"牛首岚烟"被誉为"金陵四十八景"之一。1937 年 12 月 10 日，日军将满山古树砍伐一空，历代佛寺付之一炬。从此，风景秀丽的牛首山成了一座光秃秃的荒山。

日军占领南京后，用枪炮击毁了陈武帝万安陵前的石麒麟这一公元 6 世纪留存下来的石刻艺术瑰宝；肆意毁坏明初建筑的世界第一砖石城墙；还纵火焚烧了中华门西街年代久远的清真寺、璇子巷清真寺、下关二板桥清真寺等宗教场所。一些有重要历史价值的桥梁，如文德桥、利涉桥、淮清桥、大中桥、九龙桥等，或被炸或被焚。著名园林愚园的清远堂、水石居、分荫轩、春晖堂、无阴精舍、栖云阁等三十六景被毁坏。

在日军的炮火和兽行的践踏下，被日本称之为汇聚东亚文化精华的古城南京，遭受了无可挽救的巨大损失。

▲日军进攻南京灵谷寺

◎ 劫夺文物、古玩、字画

中日两国"同文同种"，中国字画、文物、古玩、经像法器等，对日本侵略者来说，具有强烈的吸引力。

早在占领苏州后，侵华日军华中方面军司令官松井石根就让人搞到了苏州古物字画的一览表，按图索骥。上行下效，日军占领南京后，大肆搜刮抢劫文物、字画。

1933 年 5 月，从北京故宫博物院分五次运往南京的古物有 19634 箱，南京沦陷前，运出 16681 箱，城陷时未及运出的还有 2953 箱，分别藏于故宫博物院南京分院（今南京博物院）和国立美术馆（今江苏美术馆）内。1938 年 6 月，日军特务打开 575 箱，清点文物数字为 8096 件。接着，又从库内劫去 2273 箱文物，其中包括玉牒、红档、实录 541 箱，普通档案 1217 箱，图书类 475 箱，地图类 15 箱，其他 25 箱。

日军还从金陵女子文理学院抢去古物玉器金石约 50 余种，其中包括星云镜五面、蟠螭镜三面、菱花镜三面、宋镜四面、玉质素璧一具、玉璜玉珩十个、铜质汉印三方、铜质六朝印五方、铜质唐印五方、石质虎符一个；铜器则有夔凤纹尊一个、夔龙纹角兽一个、青铜剑一柄、青铜戈四具、青铜带钩两具。该校存于阴阳营 23 号的古文字、经典、器物如殷墟龟甲兽骨文字一百八十三片、敦煌千佛洞唐人写四分戒经一卷、壁画天女像一幅、缂丝山水画一幅、康熙瓷器及不少山水画等也悉被日军抢去。

特别令人痛心的是，中央研究院殷墟发掘所的古物、拓片也被日军劫抢、破坏无数，损失难以估计。

南京民间私家收藏古玩、文物、字画被抢劫者也为数不

▲1938 年，日本"学术旅行队"在日军保护下劫掠
历史语言研究所的资料。

少。中央大学教授金毓黻损失字画 60 件、古物 112 件，吴蕴
伟损失古物 93 件，龚启昌损失古物 200 件、字画 300 件，肖
孝嵘损失字画 27 件、古物 44 件。金陵大学崔敏俊损失古物 85
件，赵廷炳损失古物 34 件，胡小石损失字画 206 件、碑帖
3000 种、古物 900 件。收藏家陆禹云集半生收藏的古钱币，价
值不下万金，因仓促出走，未及携出，也悉被日军劫走。大石
坝街 50 号著名中医兼词学家石云轩家被日军抢去的有名贵书
籍四大箱、字画古玩 2000 余件。

此外，日军抢走的还有仇英的山水画，赵子昂的马，董仲
舒、陆润庠的字，岳飞的亲笔题字，八大山人的字画，及古官
窑的瓷器、历代各种瓷瓶古物等。

不仅日本官兵抢劫文物、古玩、字画，一些日本随军记者
也加入到强盗的行列之中。日本《东京日日新闻》随军记者
浅海一男揭露了日某报两个记者的行为："他们早晨出去，似
乎去采访消息。但夜里回到帐篷里来时，两人双手捧着各种各

样中国传统的美术品。"

据载，日军在南京共劫掠古字画28400件，古玩7300件。

在抢劫的同时，日军还大肆焚毁文物、标本。日本士兵小原孝太郎在其《从军日记》中详细记载了1937年12月19日日军纵火焚烧地质矿产陈列馆内各种标本的情况：

> 这是一座用黑砖盖成的坚固的建筑。本馆坐落在中央，两旁分别是二层的建筑，建筑物内部也很讲究，摆满了珍奇的矿物标本。宏大的三层建筑中，标本装得满满的，令人惊叹。如果是对此感兴趣的人，一定会被这里的陈列感动得流泪。贝壳、树叶的化石、珊瑚、古代的容器，任何一件都是珍品，如果带回佐原的学校，人们一定会惊叹。要想拿走是可以的，但是我们现在是在战场上，没有时间干这种事。看到了很漂亮的明信片，便带走了。因为要建宿营地，陈列架和陈列品都被扔到外边焚烧了。转眼间从世界各地征集来的价值数十、数百元的化石、岩石、容器，与马路旁的石块没有任何区别了。价值数十元、数百元的陈列架也化成了灰烬。实在太可惜。虽说可惜，可那些东西又不能当饭吃，只能烧掉。

◎ 抢劫图书典籍

抗日战争爆发前夕，南京比较有规模的图书馆有中央图书馆、国学图书馆、中央大学图书馆、金陵大学图书馆、南京市立图书馆，以及国民政府、中央党部所属部会图书馆。这些图书馆西撤后留存的大量图书，多遭损毁劫掠。

中央图书馆筹建于1933年，至1937年已有藏书15万册，西迁时仅带走图书130箱计1万多册，余下的多被日军劫去；位于清凉山麓的国学图书馆，初为清道光两江总督陶澍的惜阳

▲日军在抢劫财物的同时，还大肆抢劫图书
典籍，仅金陵大学即被日军抢走十车书籍。

▲金陵大学中国文化学院被日军劫掠后的情形

书舍，后改为江南图书馆，1937 年已藏书 24 万余册，这些图
书也被日军掠去许多，战后调查，该馆损失图书 167923 册，
其中部分宋、元善本被掠往日本；国民政府及国民党中央党部
所属各部会图书馆损失估计不下 60 万册，其中仅考试院损失

的就达 8 万余册，内政部图书馆损失 92146 册；中央大学、金陵大学及中央研究院、中山文化教育馆等文化、教育、科研机构损失的图书也无法统计，其中仅中央研究院社会科学研究所即损失中文书刊 33319 册、西文书 7923 册，中山文化教育馆损失中日文书籍 58735 册、西文书 2554 册，经济部中央地质调查所损失书籍 40571 册。

此外，民间个人藏书损失也十分惊人，根本无法统计。如中华门外卢冀野先生宅内"所藏书籍不下数十万卷，多有旧籍，自其祖云谷太史遗留者，悉为倭寇焚窃"；金陵大学教师孙本文损失中文书 4367 册、西文书 800 册；金陵大学倪青原损失中西文图书 8000 余册；中央大学教师肖孝嵘损失图书 5000 种；龚启昌损失书 1300 余册。

应该指出，日军抢劫图书典籍等完全是在日本最高当局指挥下进行的。日军占领南京后，日本特务部即组成了"占领地区图书文献接受委员会"，在日军各方面的通力合作下，有组织、有计划地开展文化劫掠行动。

1938 年 1 月 22 日，九个文化特务从上海赶来南京，对南京七十多处可能有重要书籍和文献的重点单位，进行了十天时间的"调查"。3 月 6 日，他们又第二次来到南京，在当地日本特务机关和宪兵队的配合下，从 14 日开始，对上述 70 余单位逐个进行掠夺，历时近一个月，至 4 月 10 日才告结束。参加这次抢劫行动的有特工 330 人、士兵 367 人、苦力 830 人，动用卡车 310 辆次。他们将搜集抢来的图书，堆放在珠江路实业部地质调查所内一座三层大楼里，堆成 200 多座书山。

为整理这些图书典籍，日军总部、满铁上海事务所、东亚同文书院、上海自然科学研究所等单位代表组成了"日支文化关系处理委员会"，并派出 35 名专家进行分类整理。从

6月底至9月初，经两个多月的清点整理，共清出图书文献880399册。

在这批被日寇掠夺的图书中，计有古籍42万册，其中多为善本珍籍，宋版书有400余种，《清朝历代皇帝实录》3000多册，十套完整的《古今图书集成》，以及国学图书馆珍藏的范氏犀香馆藏书和八千卷楼藏书。

在这些被掠图书中，不乏具有重要政治、经济和军事价值的重要文献，如财政部全国经济委员会所作的调查报告，大部分为中国当时的经济产业调查和事业计划等文件，约80余种，还有地质调查报告约40余种，全是矿产资源的调查资料，十分珍贵。

日军在南京抢劫的88万册图书和文献，比当时日本最大的图书馆东京上野帝国图书馆藏书还多3万册，比大阪府图书馆藏书多63万册。

▲日军将抢劫的图书堆放在"图书委员会"所在地南京竺桥地质陈列馆

铁 证 如 山

在侵华日军的血腥屠杀下，昔日美丽繁华的南京城，成为恐怖的人间地狱，无论是郊外荒野、市内巷里，还是马路道旁、池塘沟渠，到处是斑斑血迹，尸体枕藉。数十万无辜南京军民的尸体，除约15万具遭日军毁尸灭迹外，多由世界红卍字会南京分会、崇善堂等慈善团体收埋，还有一部分由市民群体和日伪政权掩埋。据近年来不断发现的档案资料显示，有据

▲世界红卍字会南京分会掩埋组成员用汽车将尸体运往埋葬地

可查的参加埋尸活动的慈善机构共有八家，由他们收埋的遇难同胞的尸体达 19.8 万具。城西、城南、回民、北家边等市民自发组织的临时掩埋队收埋尸体 47000 余具。伪政权共收埋尸体 16000 余具。此外，江南水泥厂的德国人京特还与颜景和、沈济华等组织红十字会，带领农民，掩埋栖霞山一带遇难者尸体，并将漂浮在江中烧焦的尸体打捞上来，进行掩埋；在南京的日本和尚也曾参与遇难者尸体的掩埋。

◎ 15 万具尸体被日军销毁灭迹

1937 年 12 月 14 日，下关江边，尸积如山。一位佩戴少佐军衔的日本军官，正指挥着约 800 名手执铁钩的日本士兵，在尸堆中紧张地忙碌着。这是一支特殊的日军，指挥官是南京碇泊场司令部军官安达。他们的任务就是处理这些无辜中国人的尸体。

岸上，一具具尸体被搬至卡车上，又迅速地被倾倒到长江里。滔滔长江里，漂浮着无数的尸体，缓缓向东流去。有时，大浪扑来，一具具刚刚入水的尸体，又被冲回到江滩。同时，还有大量的尸体被搬上三十只小船，日夜不停地运往江北浦口以东的一片荒地，由 50 名士兵焚烧掩埋。

尸体实在是太多了，安达指挥所部整整干了两天两夜，也仅仅"处理"掉一半多。

15 日傍晚，刚由常熟浒浦镇奉命到达南京的日军少佐太田寿男接受了南京碇泊场司令官下达的新任务："第二碇泊场司令部与南京占领军协定，处理下关地区的中国人尸体，现由安达少佐担任，太田少佐协助。"

太田寿男匆匆赶往下关江面，与安达会合。又是三天三夜，下关江边的尸体方才基本"处理"完毕。

战后，日军战俘太田寿男交代了自己与安达在南京毁尸灭迹的过程，其供词现存藏于位于北京西山的中央档案馆内，兹摘录如下：

1. 处理方法：大部分由下关码头及其稍下游处投入扬子江。一部分在浦口东约四公里处烧掉掩埋（主要用汽油烧，利用洼地、地头等），南京市内的尸体由占领部队用卡车运到扬子江岸，直接由码头的上游投入扬子江（其数约五万）。

2. 南京碇泊场司令部为搬运尸体所用人员及器材：配备小船约三十只（带有发动机，船员两名，一只船约能装载尸体五十具）；卡车约十辆（距码头较远的尸体用汽车搬运，每辆约能装五十具）；配备陆上运输队约八百名［碇泊场司令部到达南京时即由第十一军（第十一军似为第十军之误）配备］。

3. 运搬状况（下关地区碇泊场司令部承担部分）：

（甲）下关地区大部分是运到码头投入扬子江，一部分是用小船运到稍下游投入扬子江，距离码头较远的尸体使用卡车或手推车等，近的用赶制的简易担架搬运。运搬任务由陆上运输队承担，处理方法与货物相同，大部分是用搭钩进行，尸体中还有一些负重伤没有完全断气的，对这些人用搭钩向头部及心脏部扎，使之断气然后运搬。

（乙）到烧毁、掩埋地点的运搬配备有小船，每次三十只，每日约运十次，约进行两天，由输运队往小船上装运。由占领部队人员约五百名，进行烧毁及掩埋作业。以上人员不知是占领南京部队的哪个部队。这些人是用小船运到作业地点的。

据太田寿男交代，南京碇泊场司令部毁尸灭迹的行动，分两个阶段进行：12 月 14 日、15 日两天为第一阶段，由安达负责，共处理了 6.5 万具尸体（包括重伤濒死者 1500 名），其中投入扬子江的约 3.5 万，运往浦口焚理的 3 万；第二阶段为 12 月 16 日、17 日、18 日三天，由安达和太田分区负责，共处理尸体 3.5 万具，其中安达负责处理的为 1.6 万具（包括重伤濒死者约 250 名），太田负责处理的约 1.9 万具（包括重伤濒死者 350 名）。

仅仅五天时间，太田和安达在南京下关就将 10 万具中国遇难同胞的尸体投入长江或焚烧、掩埋，其中包括 2100 名被他们活活弄死的重伤者的尸体。

必须指出，安达和太田寿男集中"处理"的尸体仅为日军在南京处理的所有尸体中的一部分，其他作战部队也参与了尸体的处理。曾参加南京大屠杀的日本士兵冈本健三证实所部在光华门外飞机场将集体屠杀的中国人尸体用火车铁轨层层架起来，以木柴、汽油焚烧的情况：

那一次，大概解决了四五百人，杀了之后，就搬来火车铁轨，一层层地架起来，把尸体放在上面，底下堆积木柴，浇上汽油，点火烧尸，可是肚肠等内脏，很难烧得起来，好久好久，还是只冒烟、不起火。于是用棍棒去翻动翻动，但下面是空的，都掉下去了，只有等到冷却后，把铁轨移开，收拾现场，把那些东西拿去掩埋干净。像这样烧尸灭迹，大概是为了避免被人发觉我们在用机关枪大开杀戒。这种作业，大致是在夜里动手，首先在傍晚屠杀，到第二天早晨收拾干净，当然不只是干了一天，我们部队偶尔也被指派到这个任务，我就干过焚烧灭迹的勾当，好像在第二天也有人同样作业。

▲日军焚烧我被害者尸体

据太田寿男估计，日军在南京出于毁尸灭迹目的而处理的中国遇难者尸体在 15 万具左右。

太田寿男的供词及参战日本士兵的证词，已成为揭露日本侵略者在南京进行疯狂血腥屠杀的铁证。

◎ 崇善堂掩埋了 11 万具尸体

崇善堂是收埋尸体最多的一个慈善机构。南京崇善堂有着悠久的历史，它成立于清朝嘉庆二年（1797 年），初名恤嫠局，清同治四年（1864 年）改称崇善堂。1929 年 5 月，向南京特别市政府办理了注册手续，领取了执照，其地址在城南金沙井 32 号。该堂"系地方私人共同设立，办理一切社会慈善事"。

南京沦陷后，崇善堂迁往难民区，救济难民。日军的血腥屠杀政策，使南京尸横遍野，崇善堂堂长周一渔召集有关人员，决定成立"崇字掩埋队"，掩埋遇难同胞的尸体。周一渔

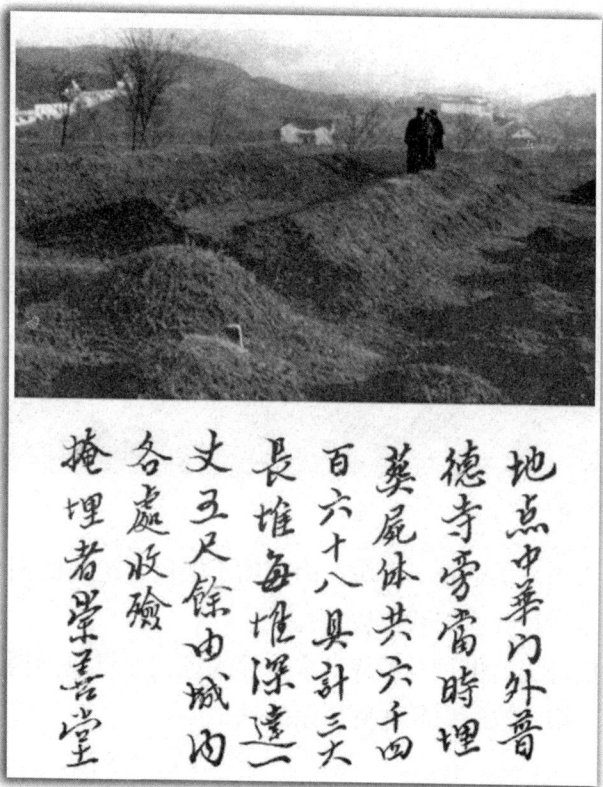

▲崇善堂掩埋遇难同胞尸体地点之一：中华门外普德
寺旁。该处共掩埋由城内各处收殓的尸体 6468 具。

兼任队长，下设四队，由孟蓝田、阮月秋、郭全涛、程哲人分
任队长，每队各有队员一名，夫役十人。

崇字掩埋队的活动，得到了日军当局的许可，并向他们发
放了特殊通行证。

崇字掩埋队从 1937 年 12 月 26 日开始埋尸，每个队员都
穿着前后均印有白底黑字"崇善堂"字样的特制背心。其活
动范围为中华门、新街口、鼓楼、挹江门以东为主，南至中华

门外花神庙、通济门外高桥门，北至挹江门城墙根，东至中山门外马群，间或也活动至水西门外上新河一带。周一渔向人们介绍了他所见到的遇难同胞的惨况：

城区的尸体，受刀伤比中弹的多，郊区则差不多。凡有死尸的地方，男尸都在较远处。城区的尸体，多在地下室和道路转角处发现；乡区的尸体，则是数百数十地躺在沟渠、池塘、田埂下及草堆中间。情景之惨，是没法形容的。尤其是妇女们，有些拒奸而死的，面目青黑，齿落腮破，口里流血，挖去乳房，刺穿胸膛和腹部，肠子拖在外面，小腹踢伤，下身被刺刀乱戳过。至于被轮奸过的，仰卧地上，小衣撕破，下部肿烂，小腹像鼓一样隆起。

从12月26日至28日，三天时间，崇善堂就掩埋了1101具尸体。1938年1月3日至4月6日，又掩埋了6448具。

清明过后，天气转暖，堆积于城区郊外的尸体开始腐烂发臭。崇字掩埋队为加快埋尸速度，一方面从各地征召了大量伕役，充实各掩埋队；另一方面充分利用现有沟塘洼地，直接将尸体推入其中，上面再掩上薄薄的一层土。被崇善堂临时雇用埋尸的马车夫崔金贵回忆说：

日本兵进城以后，崇善堂找人收尸埋尸，有些过去抬棺材的和我这种闲着没生活来源的人就去了，一天弄块把钱。我去的时候天已较暖，大约三四月光景。头一天是到水西门外二道埂子金华酱油厂，在这个厂的酱油缸打捞尸首，都是日本兵把中国人扔进去的，还有别处收来的尸首。因为天气暖了，尸首气味已不能闻，干了一天，我就不想干了。同我一同去的还有一个我过去赶马车的助手王小洋，但他不同在一个队里。第二天就没去了，想做小生意做不成，过了几天后又去埋尸了。前后干了个把星期。埋尸时，每人发一个背心，前后都有字，白底黑字，写的崇善堂，记得还有个关防，走在前面的还有个旗子。因为那时候还比较乱，不然日本兵会乱抓乱杀的。埋尸就在附近挖坑埋，或拉到原来的壕沟扔下去，填些土。埋的尸首，都没有多少整体，工具就是铁钩子。那个酱油厂，就是现在第二制药厂的前身。埋尸的时候，埋的人不计数，是按天算钱，但崇善堂有人跟着专门计数的。

据崇善堂统计，从 1937 年 12 月 26 日至 1938 年 4 月 20 日，四个月时间，共收埋尸体 112267 具，其中男尸 109363 具，女尸 2091 具，孩尸 813 具。

◎ 红卍字会收埋了 4.3 万余具尸体

在那血雨腥风的日子里，南京城内活跃着一支数百人的收尸、埋尸队伍，他们身穿深蓝色裤子或背心，前胸后背都印有白底红卍字符号，出没于大街小巷，江边城根，搬运、掩埋遇难同胞的尸体。他们是慈善机构世界红卍字会南京分会的尸体掩埋队。

世界红卍字会总会于 1922 年设立于北京，是一个由士绅阶层组织领导的慈善救济组织，全国各地设有分会、支会 300 余个，并直属于总会。有的城市，同时有两个以上分会，南京及其附近地区即有南京分会、南京下关分会、八卦洲分会三家。世界红卍字会南京分会成立于 1923 年，会址在小火瓦巷 24 号，主要从事施医、施药、掩埋、救济等。南京沦陷后，该会在难民区宁海路 2 号设立临时办事处，欧阳都麟任救济队长，专办救济事务，设难民收容所十处，粥厂两处，散发衣、米、杂粮等。鉴于日军疯狂屠杀无辜平民，南京大街小巷到处都是尸体，红卍字会组织了掩埋组，从 12 月 22 日起开始收埋尸体。

▲世界红卍字会成员掩埋遇难同胞尸体情形

红卍字会掩埋组下设收尸班和埋尸班。收尸班负责将分散各地的尸体集中起来，由埋尸班掩埋。曾任收尸班班长的施惠云 1984 年向人们回忆了收尸班的工作情况：

我原在万竹园种菜。1937 年底，日军侵占南京时，我们一家人跑到五台山难民营。我在粥棚里煮粥，每天给我六十个铜板。有一天，红卍字会的崔主任来找我，他说："你带二十个人去抬死人，每天给你四毛钱。"我找齐二十个人以后，称为红卍字会的第一班，崔主任叫我当班长。……当时到处都是死尸，由于收尸的人手不够，又由 20 人逐步增加到 160 人，分两个班收尸。每天管门东、门西、三牌楼地段，最多一天收过 800 多具尸体。特别是到收尸的后期，由于有的人被杀的时间较长，天气又热，尸体已经腐烂了，我们就用铁钩子来抬。

每天收到的尸体，用汽车送到望江矶、汉西门和下关一带埋起来。我们拖的尸体中，绝大多数都是年轻人和年轻的妇女。

另一位担任埋尸班班长的山东人高瑞玉，从 1937 年 12 月起，带领 99 人在雨花台、水西门外和中山门城边一带埋尸，一直干到 1938 年的秋天。他回忆当时埋尸的情况时说："日军进城后，满街尸首，都是被杀害的同胞。红卍字会就组织收尸埋尸。当时有两个班，一个班负责收，一个班负责埋。我是埋尸班的班长，这个班共有 99 人。埋尸的地点主要是在雨花台西侧宪兵操场。汉中门外城墙根、中山门外城边都埋过。埋尸的人每人穿一件褂子或背心，有的因来不及做，也有的是袖章，作为符号。我是穿的褂子，褂子的前胸后背，都有卍字，有的帽子上也有卍字（当时我还拍过照片，后来找不到了）。卍字是白底红字，褂子颜色为深蓝色。埋尸的坟很大，一个坟就有千把人，上面覆盖芦席和泥土，我这个班经手埋的有几千人，当时埋的尸首，有全尸的，也有没头没腿的，我们就用钩子拉，扔到坑里。一天埋多少也不一定，有的时候埋得少，就先把坑扒好。埋尸工作我干了好几个月，直到第二年秋天。"

高瑞玉在接受南京军区作家徐志耕采访时还说道："雨花台的坟山都是我埋的，现在还在嘛，那地方以前叫宪兵操场。一个坟山里千把人，你算算，百十米长，3 米深，一个人宽，十个人一垛，正好一千人一个坑。我们那队埋了一个大坟，两个小坟，有一个小坟堆里的是女尸。"

一位姓覃的难民，曾被红卍字会招去参加埋尸，1938 年 5 月 20 日他逃出南京后，向记者林娜介绍了红卍字会收埋尸体的情况："全南京堆积着的都是尸骸，后来由红卍字会出来招工人去掩埋尸骸，我也是那时被招去的。开始是到富贵山一带

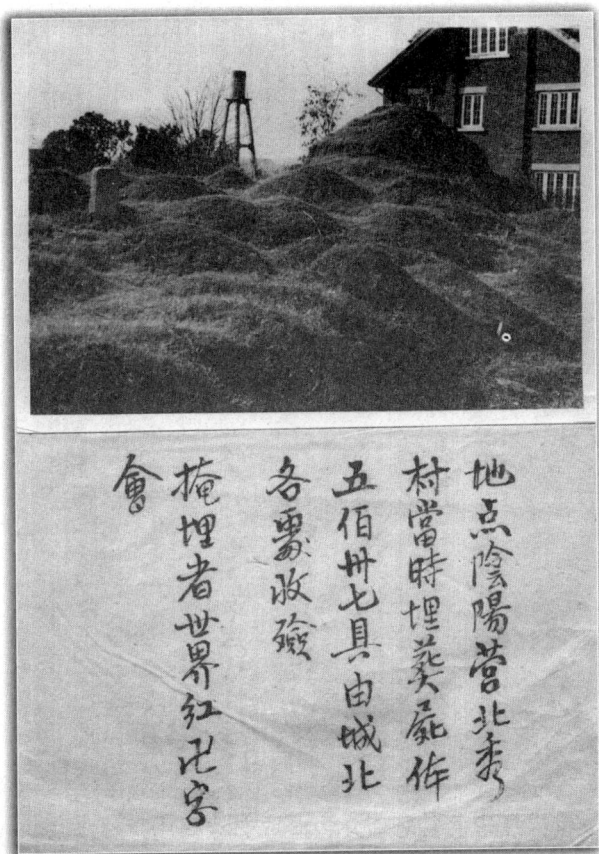

▲世界红卍字会南京分会掩埋遇难者地点之一：阴
　阳营北秀村。该处共掩埋由城北各处收殓的尸体
　537 具。

去埋，每一坑两百人，尸骸都是老百姓……从日本兵进城起，
到我离开时止——5 月 20 日——掩埋尸骸的工作从未停止，其
实也埋不了，一批被埋掉，马上又有一批新的来补充，因此时
疫丛生，不死于屠刀下，也要死于时疫。"

20 世纪 90 年代公布的德国档案馆中一批有关南京大屠杀

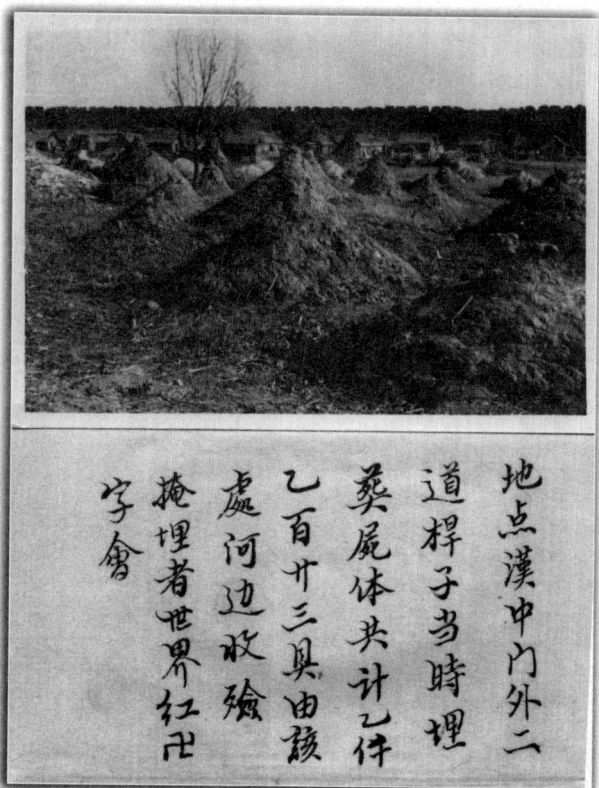

地点漢中門外二
道桿子为時埋
葬屍体共計乙仟
乙百廿三具由該
處河边收殮
掩埋者世界红卍
字會

▲世界红卍字会南京分会掩埋遇难同胞尸体地点之
一：汉中门外二道杆子。该处共掩埋由河边收殓
的尸体 1123 具。

的档案资料，也有关于红卍字会掩埋尸体的记录。1938 年 3 月
4 日，德国驻华大使馆留守南京办事处政务秘书罗森在致德国
外交部的报告中写道：

　　红卍字会在为埋葬众多尸体而慢慢努力。部分尸体是刚刚
从水塘和地下掩体（以前防空袭的掩体）中成堆成堆地打捞
和挖掘出来的。例如在大使馆附近主要街道的地下掩体就挖出

许多尸体。郊区小港口下关尚有 3 万具尸体，这都是大恐怖时期集体处决的。红卍字会每天埋葬尸体 500 到 600 具。

据红卍字会统计，世界红卍字会南京分会掩埋组，从 1937 年 12 月 22 日起，至 1938 年 10 月，在中华门、水西门、挹江门城外及城西等地，共在城内外收埋尸体 43123 具；世界红卍字会八卦洲分会在南京沦陷前后，成立掩埋队，掩埋沿江尸体 1500 余具。

南京国际救济委员会工作报告中也明确记载了由该会拨款资助红卍字会掩尸 4 万多具的情况："本会拨款 2540 元，以完成红卍字会所承办之掩埋工作，共埋葬尸体 4 万具以上。此种工作，在四十日左右之工作期内，所雇工人约 170 名。"

◎ 红十字会的埋尸记录

在红卍字会、崇善堂等慈善机构组织掩埋队收埋死难同胞尸体的同时，在下关地区也活跃着两支由红十字会组织的掩埋队，其负责人为郭子章、陆伯衡。

红十字会掩埋队的成员主要是难民。从 1937 年 12 月 24 日开始收埋尸体。第一队在和平门外一带，在当地乡民的帮助下，十天中收埋了军民尸体 5704 具。第二队则在下关一带，工作十天，掩埋军民尸体 3245 具。

1938 年 1 月 4 日，红十字会掩埋队得到了日军的许可，取得了"合法"地位，掩埋队员的生命安全有了保障。

从 1 月 6 日起，红十字会的两个掩埋队，每天都有埋尸的精确记录，其中包括埋尸的地点、尸体数量、人畜遗体的分类等，十分翔实可靠。请看中国第二历史档案馆中所藏中国红十字会南京分会掩埋队的收埋统计记录：

掩埋队第一队工作按月统计表

月份	掩埋人数	其他
一月	2131①	
二月	1728	畜类 7 匹
三月	2344	马 26 匹
四月	484	
五月	300	
总计	6987	畜类及马 33 匹

附注：在民国二十七年一月六日以前本队已在和平门外一带联合乡人共埋军民尸体 5704 具，因非本队单独工作，故未列入统计。

掩埋队第二队工作按月统计表

月份	掩埋人数	其他
一月	2175	畜类 10 匹
二月	2924	畜类 11 匹
三月	1636	畜类 3 匹
总计	6735	畜类 24 匹

附注：本队在民国二十七年一月六日以前已在下关一带掩埋军民尸体 3245 具，因该时尚未得日军正式许可，故未列入统计。

红十字会掩埋队第一队 1938 年 1 月的详细报告表：

掩埋队第一队 1 月报告表
1938 年 1 月 31 日

日期	发现地点	掩埋人数	统计数
6 日	宝善街	47	47
7 日	火神庙	38	85
8 日	美孚街	53	138

---

① 1 月的掩埋人数按档案记载逐日统计应为 2151 人，实际总数为 7007 人，本表有误。

日期	发现地点	掩埋人数	统计数
9 日	宝善街水厂	48	186
10 日	中山桥	103	209（289）
11 日	二板桥	97	306（386）
12 日	扬子江大堤埂	65	371（451）
13 日	热河路	94	465（545）
14 日	挹江门附近	129	594（674）
15 日	兴中门附近	78	672（752）
16 日	永宁街	83	785（835）
17 日	下关大马路	86	871（921）
18 日	天光里一带	57	928（978）
19 日	天保路附近	66	994（1044）
20 日	石鼓路	57	1051（1101）
21 日	下关大世界附近	114	1165（1215）
22 日	挹江门城根附近	151	1316（1366）
23 日	邓府巷	73	1389（1439）
24 日	兴中门附近	42	1431（1481）
25 日	铁路桥	173	1604（1654）
26 日	龙江桥	94	1698（1748）
27 日	惠民桥	79	1777（1827）
28 日	大王庙一带	47	1854（1874）
29 日	京沪火车站旁	35	1889（1909）
30 日	三叉河附近	163	2052（2072）
31 日	热河路附近	79	2131（2151）
总计			2131（2151）

注：原表相加有误，括号内为核算后的更正数字。

1938 年 7 月,红十字会在一份工作报告中,详细记载了该会掩埋队的工作情况:"本分会掩埋队自二十六年(1937年)12 月间起,即在下关沿江及和平门外附近一带从事掩埋工作。综计在此六个月内,共掩埋军民尸体 22371 具。此项尸体多数系掘土掩埋,用棺木者只有数百具。现仍在下关沿江岸一带,捞取上游飘(漂)来浮尸,随时加以掩埋。此项掩埋伕役,系由本分会所收容难民充任,仅供食宿,不付工金。故本分会在此六个月内,仅付出伙食、杂支费数百元而已。"

如今,70 年过去了,但保存在中国第二历史档案馆的原始埋尸统计表仍不时地使人们回忆起那一段触目惊心的历史。

▲1938 年春,中国红十字会南京分会掩埋队掩埋尸体后的合影。

◎ 回民掩埋队的活动

回民是南京人数最多的少数民族,为了便于这些穆斯林

举行宗教仪式，南京城乡各地均建有大量的清真寺。在侵华
日军的屠刀下，原来清静的清真寺也未能幸免，寺内血流成
河，尸体纵横。散居各地的回民也多有遇难。据幸存的阿訇
回忆：

> 有的清真寺被日寇烧毁，如中华门外西街清真寺；有的清
> 真寺被抢劫一空；有的清真寺"寺存人亡"，庭院中杂草丛
> 生，满目凄凉。更多的清真寺内如草桥清真寺、太平路清真
> 寺、汉西门清真寺、长乐路清真寺等处，都倒着被日军残杀的
> 回民尸体，其中草桥清真寺最多，有十余具。……继清真寺内
> 发现有被杀戮的教胞，在市郊其他地方，也陆续发现被害的回
> 民尸体。

面对街头、野外已逐渐腐烂、发臭的难胞尸体，一些老阿
訇们坐不住了。老阿訇王寿仁、马长发等在一起商议。"我们
应该把他们收埋起来，使他们的灵魂得到安宁。"

1938 年 2 月，一支特殊的"回民掩埋队"宣告成立。负
责人为王寿仁，主要成员有张子惠、沈德成、麻子和、沈锡
恩、马焕庭等，队址设在豆菜桥 28 号王寿仁的住所。

回民掩埋队成立后，他们通过伪南京市自治委员会副会
长、回民孙淑荣，办好了当局的批准手续，领回了加盖了印戳
的掩埋队特制袖章。为了减少麻烦，他们又借用"南京回教公
会"和"南京红十字会"的名义，打起了"南京回教公会掩
埋队"和"南京红十字会掩埋队"两面旗帜，旗帜上还写有
整齐的回文。

在残酷恐怖的情况下，回民掩埋队对尸体掩埋仍坚持按
回族习俗进行。按照宗教习惯要先清洗尸体，再进行土葬。
由于亡人已露放一两个月，肌体开始腐烂发臭。衣服脱不下

来，只好用剪刀剪开。没有条件在清真寺内清洗遗体，便只好将亡人置于"讨破"（盛亡人的木制盒子）盒盖上露天冲洗，清洗干净后，沈德成等人再用从难民区集市上购买的白布被里裹上。

回民坟山主马明仁负责指挥坟山工人打坑和抬亡人。这些工作都在天寒地冻的荒山进行，北风呼啸，更增添恐怖气氛。有时打出的坑里已有尸骨，也只得将尸骨靠边推移，匀出穴位安葬新亡人。

当年参加回民掩埋队工作的阿訇沈锡恩（沈德成之子）回忆说："我们收埋的第一具回民尸体是看管鸡鹅巷清真寺的张爸，他60多岁，死时趴在地上，因为曝尸时间太长，尸体都开始腐烂了。……我们一直工作了三个多月，天天都有人来找我们去收尸，少时一天二三具，多时七八具，一般都是四五具，有时照应不过来，就分成两个组。最初是埋一具登记一次，以后无法再逐个登记，收埋的总数不下四百具，而且都是鸡鹅巷清真寺周围被杀的回族人。收埋的尸体中，男女老幼都有，有母子二人被害后倒在地上，小男孩才七八岁，头朝着他妈妈，死得很惨。"

没有隆重的葬礼，有的则是幸存者的悲痛和愤恨，400具用白布包裹的回民尸体在向世人控诉着杀人者的罪恶。

◎ 在中华门外的同善堂掩埋组

在崇善堂等慈善团体组设掩埋队，对分散于大街小巷、荒郊野外的难民尸体进行掩埋的同时，在城南中华门外、兵工厂、雨花台一带也有一支掩埋队，所有成员均佩戴统一制作的臂章，臂章上印有红十字标记。他们是南京同善堂掩埋组的成员，其负责人是刘德才和戈长根。

同善堂有着悠久的历史，它成立于清光绪二年（1876年），由缎业同仁集资组成。堂址设在中华门外雨花路，其主要事业为"施医药、施材、掩埋"。

南京沦陷后，看到遍地都是被日军屠杀的同胞尸体，同善堂专门设立了掩埋组，专事尸体的收埋，他们共掩埋了7000多具尸体。

1947年1月25日，在中国军事法庭调查谷寿夫罪证时，同善堂掩埋组组长刘德才作证说："我是同善堂掩埋组正组长，戈长根是副组长。二十六年（1937年）12月，日本人进城时的大屠杀惨极了。各街各巷都看到被害的人，有的是刀刺的，有的是刀砍的，有的是枪杀的，有的是火烧的，有的是奸后又杀的，东一堆，西一堆，左一个，右一个，不忍看，不忍见了。……我同戈长根两个人所经手掩埋的尸首就有7000多了。区公所后面所埋的2000多人都是老百姓，东干长巷2000多是有军人有老百姓，兵工厂300多，水台200多，还有多少人衣服脱光了关在制造局的楼上用火烧死的。杨（羊）巷两个地洞内的人是被日本人用木头和草将洞口堵塞在内边烧死了的，还有个学堂内也烧死了十个人。"

刘德才还当庭交出保存完好，但已显陈旧的同善堂掩埋组臂章。臂章由白粗布做成，上面印有醒目的红十字符号，加盖了"南京雨花台同善堂图记"长戳，并清楚地写有"南京市同善堂掩埋组组长刘德才"。

至今，该臂章仍保存在中国第二历史档案馆内，成为日军屠杀中国同胞的又一有力证据。

▲刘德才的同善堂掩埋组臂章

◎ 木材商人的善举

上新河地区是南京郊外一个重要的木材集散地，盛世徵、昌开运由湖南老家来宁，来此从事木材生意，经多年苦心经营，已具有一定规模，并积有一定资产。南京沦陷前后，由于家庭、财产尽在，他们没有离开南京。

在日军的屠刀下，上新河一带血流成河，盛世徵、昌开运躲在死尸丛中，才各自拣得一条活命。两名木材商人虽然躲过了生命的劫难，但却未能逃脱被奴役的屈辱。第二天，他们被日军抓走搬运抢劫来的各种物资。

他们被日军驱赶着，走遍了水西门外的各地，见到的是阴森可怖的景象："江东门、汉西门、凤凰街、广播电台、自来水厂、皇木厂、新河口、拖板桥、菩提阁、菜市口、荷花池、螺丝桥、江滩、棉花堤、双闸、东岳庙各地，尸横遍野、人血染地，凄惨万状。"

▲日军强迫中国百姓为其运输给养

入土为安是中国人的传统，遇难同胞曝尸野外的惨景让盛世徵、昌开运坐立不安了。刚刚结束屈辱的拉夫生活，他们便在一起合计起来。

"我们不能眼见这些同胞抛尸荒野啊，一定要想个法子。"盛世徵首先表态。

"世徵，你拿主意吧，要多少钱，我可以出。"昌开运点头赞同。

于是，一群难民被他们征召起来，开始了日复一日的埋尸工作。他们付给埋尸成员的报酬是：每掩埋一具尸体给付法币四角。尽管薪金微薄，但这是一件善事，只要能吃饱肚子也就行了，雇工们并不计较。

经过一个多月的努力，水西门外暴露荒野的尸体差不多才算掩埋结束。拿出账单一算，共花费 11492 元，收埋尸体 28730 具。

◎ 城南义务埋尸队

活跃在城南大街小巷、雨花台畔等地收埋尸体的队伍中，有一支 30 余人的掩埋队，尽管他们也打着红十字旗帜，戴着印有红十字标记的袖标，但是，他们并不隶属于红十字会的掩埋队，而是完全由一群城南市民自发组织起来的一支义务掩埋队，其负责人是 38 岁的花匠芮芳缘。

城南是一片血染的土地，中日两军曾在雨花台、中华门一带进行过激烈的战斗。硝烟过后，留下了一具具被日军枪刺、刀砍、强奸而死的中国同胞的尸体。

1937 年 12 月 15 日，因战争而逃往沙洲圩避难的花匠芮芳缘、商人杨广才等城南居民，因对家里放心不下，相约回家看看。回程路上，举目所见，到处是难民的尸体，或身首异处，或倒在血泊之中，更惨的是一具具赤裸的女尸……

回到已成废墟的破碎家园，芮芳缘等人夜不能寐，归途中的一幕幕时时出现在眼前。"我们决不能让同胞曝尸野外，我们应该把他们收殓起来。"杨广才的动议得到了大家的赞同。一支 30 余人的城南市民义务掩埋队成立了，年纪最大的芮芳缘被推戴为负责人。

为了在掩埋时生命安全得到保障，1938 年 1 月 5 日，芮芳缘找到了南京红十字会和伪南京自治委员会第一区公所，要求他们给予帮助。正在为掩埋尸体而四处奔波的红十字会负责人对他们的行动予以支持，送给了他们一些印有红十字的旗帜和臂章；伪第一区公所为了清理街面，同意帮他们向日本军队疏通。

义务掩埋队开始出没于中华门外各街巷、壕沟，将尸体收集起来，分别埋在雨花台、望江矶、花神庙一带。历时四十余天，城南市民义务掩埋队共掩埋尸体 7000 余具，其中有 2000

余具中国士兵的尸体来自金陵兵工厂宿舍。

在中国第二历史档案馆档案中,我们看到了芮芳缘、张鸿儒、杨广才关于他们埋尸的叙述:"由南门外附廓至花神庙一带,经四十余日之积极工作,计掩埋难民尸体约 5000 余具,又在兵工厂宿舍二楼三楼上,掩埋国军兵士尸体约 2000 余具,分别埋葬雨花台山下及望江矶、花神庙等处。……所有难民尸体系从各街巷及防空壕等处而来。"

7000 余冤死的灵魂得到了暂时的安宁。

◎ 无主孤坟碑

1938 年底,一群衣衫褴褛的村民由中山门外徒步数里来到伪南京市政公署门前:"灵谷寺至马群一带发现遗骨,为数甚多,请政府速派人掩埋。"村民的报告很快传到了伪南京市政公署督办高冠吾的耳里。

高冠吾出生于崇明岛,早年毕业于保定军官学校,曾任广州江防司令部参谋长兼代司令、广州大元帅大本营咨议、北伐军左翼军总参谋长、国民革命军第十军副军长、江左军左翼指挥官、徐州警备司令等职。1938 年 3 月任伪维新政府绥靖部次长。同年 10 月兼任南京市政公署督办。

高冠吾上任之时,虽离日军在南京进行的大屠杀已近十个月,中山门外灵谷寺至马群一带的尸体已经崇善堂掩埋队掩埋,但在城根、丛莽、山巅、水边等处,仍有不少肌肤腐烂不辨男女老幼的骷髅、遗骨。高冠吾曾亲率随从在城内各处收得遗骨 26 具,加以掩埋。听到村民关于发现大量尸骸的报告后,高冠吾下令卫生局立即派人掩埋。

1939 年元旦前后,在卫生局的指挥下,用了四十多天时间，3000 多具尸骸终于集中收埋完毕，并用青砖砌起了一座圆形特大坟墓。墓前立一刻有"无主孤魂碑"字样的石碑，碑上刻有高冠吾亲自撰写的碑文。文曰：

中华民国二十七年十月，余奉命董京市。惟时去南京事变将及一载，城闉、丛莽、山巅、水溪有遗骨焉。余既收残骸于城上，得二十有六，而瘗之。越二月，村民来告茆山、马群、马鞍、灵谷寺诸地遗尸尤多，乞尽瘗之。乃下其事于卫生局，选夫治具，悉收残骨得三千余具，葬于灵谷寺之东，深埋以远狐鬼，厚封以识其处，立无主孤魂之碑，且使执事夏元芝以豚蹄、只鸡、酒饭奠之，俾妥幽魂。呜呼！诸君遭时丧乱，膏血肉于荒原，寄骸骨于丘陇，为军为民，为男为妇，为老为稚，有后无名，举莫能知。人生慆痛，莫大于生无所养，死无所丧，况暴骨无依如诸君者。虽然死生有命，修短有数，洵如达人之论，彭殇可齐，随化俱尽。盖人之所争者，不在久暂之岁月，而在不朽之德业与精神也，余既怜而瘗诸君，又以为诸君告。二十八年一月，督办南京市政高冠吾记。

▲南京大屠杀后，红十字会在此掩埋尸体 24000 余具，共堆八墓，图为其中一墓。墓旁曾立一碑，碑文题为"无主孤魂之碑"。

修建在灵谷深松之中的孤坟，随着历史的变迁，沧海桑田，已荡然无存，但保存在中国第二历史档案馆中的"无主孤魂碑"的碑文拓片，仍时刻提醒着人们，南京曾有过的那段悲惨的岁月。

◎ 30 万同胞被屠杀

从 1937 年 12 月 13 日至 1938 年 1 月，在长达六个星期的血腥大屠杀中，究竟有多少中国同胞惨遭日军残杀？抗日战争胜利后，中国军事法庭在对战犯谷寿夫的判决书中判定：

我被俘军民遭日军用机枪集体射击并焚尸灭迹者，有单耀亭等 19 万余人。此外零星屠杀，其尸体经慈善机关收埋者 15 万余具。被害总数达 30 万人以上。

▲1937 年 12 月 17 日，日军将南京安全区国际委员会正式雇佣来维持秩序的 450 名警察押往城外集体屠杀。该照片系河村特派员摄，照片原说明为：潜入难民区的败残兵。

1948 年 11 月 4 日，远东国际法庭对日本甲级战犯判决书中也作出了与南京中国军事法庭相近似的判定："在日军占领后最初六个星期内，南京及其附近被屠杀的平民和俘虏，总数达 20 万以上。……这个数字还没有将被日军所烧弃了的尸体，投入到长江，或以其他方法处分的人们计算在内。"如果加上被日军毁尸灭迹的 15 万人，显然，被害人数也将是 30 万以上。

近年来，中外南京大屠杀史研究专家通过对南京大屠杀前后人口的变化、尸体掩埋数量的统计等方面进行仔细而深入的研究，也得出了被害人数在 30 万以上的结论。

首先，从南京人口的变化来分析。

国民政府定都南京后，南京人口激增。据档案记载：1927 年全市人口为 36.05 万人，1928 年增至 49.65 万人，1935 年增至 101.332 万人，1937 年 6 月达到 101.5450 万人。

南京沦陷前夕，由于日军逼近，政府机关相继西迁，大批居民也随之迁徙，人口剧减。1937 年 10 月 28 日，东京日本外相广田弘毅致北平森岛参事官电称："南京现有人口约 53 万。"同年 11 月 23 日，南京市政府致国民党军事委员会后方勤务部公函中也称："查本市现有人口约 50 万人。"

1938 年三四月间，也就是南京大屠杀事件发生不久，金陵大学社会学教授史密斯等，通过调查认为，1937 年，"南京市人口恰好超过 100 万，到 8 月、9 月，人口急剧减少，11 月初，又上升到 50 万"。

据此，至 1937 年 12 月 13 日南京沦陷前，南京在册总人数应在 50 余万人，加上留在南京的中国守军，以及从各地涌入并滞留南京的难民，南京总人数应在 60 余万人。

1939 年 4 月 27 日，伪维新政府立法院立法委员王鸿恩在《朝日新闻》于上海举办的座谈会上说："现在先就南京市民众在事变当时所受的痛苦情形，作一简要的报告。南京市人口在事变以前即（国民）党政府的全盛时代，计有人口 107 万之多，及至事变后，人口骤减至 17 万之数，相差几达 90 万。此中原因，固然是一部分的民众受了蒋介石的恶意宣传，相率逃避，而其中的一部分则因误会或种种不可避免的关系而罹难散失与牺牲……据事变后调查统计人口减少的情形，其中 20 余万人口，包括军民，是随（国民）党政府人员逃走的；其中 20 余万人口，系有钱的商民，因受了（国民）党政府的麻醉宣传，相惊伯有，而避难于各埠；还有几十万人口，或则原在南京谋生而返原籍，或则死亡失散了。"

王鸿恩的讲话，是比较可信的，它说明了两个问题：第一，南京 100 余万人中，有 40 万人迁往后方，另有少部分人返回原籍，剩下的应在 50 万人以上，这与上述数字相一致；第二，南京留存的 60 余万人（包括军人和难民）中，经日军血腥屠杀后，仅剩 17 万人，这其中的 40 余万，除小部分人可能逃往他处外，其余的均遭杀害。据此可知，南京被害军民 30 万人以上是可信的。

其次，从各慈善团体、市民及伪政权所掩埋尸体及日军毁尸灭迹数量来统计。

（一）慈善团体掩埋的尸体共 19.8 万具。有据可查的参加埋尸活动的慈善机构共有八家，其中：世界红卍字会南京分会掩埋组收埋尸体 43123 具，世界红卍字会八卦洲分会掩埋队掩埋沿江尸体 1500 余具；中国红十字会南京分会收埋尸体 22691 具，崇善堂收埋 112266 具，同善堂掩埋组收埋 7000 余具，南京代葬局在掩埋队队长夏元芝带领下，收埋尸体 10000 余具；顺安善堂收埋约 1500 具；以陈家伟为堂长的明德慈善堂，于 1938 年春雇工参与掩埋遇难者尸体 700 余具。

（二）南京市民等私人收埋 47000 余具。即：盛世徵、昌开运收尸 28730 具，芮芳缘等城南市民收埋 7000 余具，回民掩埋队收尸约 400 具，以严兆江为首的北家边村民掩埋队，用半个月的时间，收埋被日军杀害的军民尸体 6000 余具；双和村、仙鹤门、南通路等地市民也组织有掩埋队，掩埋遇难者尸体。

（三）伪政权共收埋尸体 16000 余具。即：伪第一区公所1938 年 2 月在该区所辖范围内收尸 1233 具，伪下关区公所自1937 年 12 月 15 日至 1938 年 1 月在下关、三汊河收尸 3240 具，伪南京市政公署督办高冠吾令卫生局在中山门外灵谷寺、马群一带收尸 3000 余具，伪南京市卫生机构 1938 年收埋尸体9341 具。

▲1937 年 12 月 16 日，日军在中山路难民区中捕获的五六千名"俘虏"，连老人、孩子也未能幸免。

（四）日军焚毁灭迹15万具。

以上合计遇难者尸体总数超过了40万具，考虑到这中间的记录有可能出现部分重复，认定30万具以上还是比较可靠的。

因此，我们认为，侵华日军在南京共屠杀放下武器的中国军人和无辜市民、难民30万人是有充分根据的，日本国内有人否定和怀疑30万人，不是别有用心，就是对历史的无知。

不 屈 抗 争

日本侵略者在南京进行包括杀、烧、淫、掠在内的血腥大屠杀的目的，就是为了震慑中国人民，使中国人民甘心充当亡国奴。但是，与日本侵略者的愿望相反，日本帝国主义的暴行激起了中国人民更加强烈的仇恨和更大的反抗。具有光荣传统的南京人民，面对日军的枪炮、刺刀，威武不屈，奋起抗争，充分表现了中华民族反抗侵略、不畏强暴的伟大爱国主义精神，谱写了一曲曲不屈抗争的颂歌。

◎ 舍生取义

清晨，南京的大街上，传来一阵阵日本军靴的声响，远近各处还不时传来一二声枪响。一群群全副武装的日本兵，在长官的带领下，进入一座座残破不堪的民房、商店。他们正在挨家挨户地搜索青壮年男子。

在一间破败的平房内，日军发现了正在家中避难的青年司机梁志成。不由分说，日军即将梁志成抓了起来。

此时，一位日军少尉走来，掰开梁志成的双手，当他看到上面有层厚厚的老茧时，"唰"地抽出腰刀，架到梁志成的脖子上，紧盯着梁志成，大声吼叫道："你的，中国兵的干活？"

"不，长官，我是开车的。"怕日本少尉听不懂中国话，梁志成边说边用双手做了一个扳动方向盘的姿势。

"你的，大大的好。"日少尉明白了梁志成的意思，随之将梁带到一辆装满弹药的军用卡车前，命令道："你的，开到下关去！"边说边将梁志成往驾驶室内推，自己也钻进了驾驶室。

此时的梁志成，眼前浮现出几天前驾车经过下关江边时看到的情景：一队队日本士兵将一群群的青壮年用绳索捆绑着，押往江边，然后架起机枪，一阵狂扫，同胞们纷纷倒在地上，汩汩鲜血将江水都染红了。他想：如果帮敌人将弹药运到下关，自己或许还能活命，但不知道又有多少中国同胞将惨死在鬼子的枪下，我宁死也不能帮日本人干这丧尽天良的事情。

主意一打定，梁志成在驾驶室坐好，关好车门，假装着在发动汽车。猛然，梁志成转过身来，伸出右拳，猛击日本少尉的脸部。

"哇！哇！"日本少尉的号叫声，引起了坐在车厢内负责押运卡车的日本兵的注意，他们迅速跳下车来，眼前景象使他们惊呆了：两人在驾驶室内扭打在一起，梁志成双目怒视，两手正紧紧卡在日本少尉的脖子上；日本少尉双脚乱蹬，正痛苦地挣扎着。

日本士兵赶紧将驾驶室门打开，伸出刺刀，对准梁志成的背部、腿部、腰部猛刺。

钻心的疼痛，使梁志成松开了双手。日军又将梁志成从驾驶室里拉了出来，摔倒在地，又是一阵刺刀乱戳和拳打脚踢。

日本少尉狼狈不堪地从驾驶室爬了出来，一手揉着脖子，一手从腰间拔出手枪，对准梁志成胸部就是一枪。

鲜血从梁志成胸部流出，梁志成昏死在血泊之中。

日本少尉骂骂咧咧地带着日本兵走了。过了好久，梁志成被寒风吹醒。他忍着疼痛，一步一步地向家中爬去。

第二天拂晓，梁志成从昏睡中醒来，过度的失血，已使他极度虚弱，脸色如纸一般苍白。他知道自己不行了，强忍疼痛，眼望着守护在自己身边的姐姐，汗珠从额头沁出，用细若游丝的声音，一字一顿地说道："姐姐……我……至死……也没有……帮鬼子……做过……一件事……"说完，永远闭上了眼睛。

◎ 不屈的女性

1937 年 12 月下旬，天灰蒙蒙的。在位于南京市中心鼓楼广场西南侧的鼓楼医院的一个房间里，一位美国牧师正手拿一架 16 毫米小型摄影机，将日军在鼓楼附近的暴行及受害者在鼓楼医院抢救的情形偷拍下来。

摄影机镜头转向鼓楼医院外科手术室。一幅惨不忍睹的画面使拍摄者震惊：一位怀有身孕的青年妇女昏死在手术台上，她浑身上下都在流血，医生、护士们正在紧急抢救，为她止

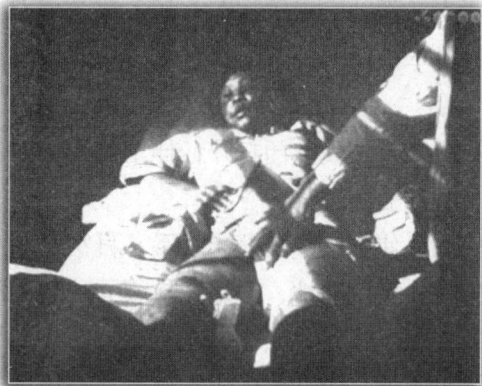

▲ 约翰·马吉为李秀英诊断

血、包扎伤口，粗粗一数，她身上的刀伤共有 37 处。

这位摄影者就是美国传教士、南京国际红十字会会长、安全区国际委员会委员约翰·马吉。而那位正在被抢救的伤员则是被称为"奇女子"的李秀英。

马吉对该画面作了如下的说明：

"这个 19 岁的女子在难民区学校里避难。她怀第一胎已经六个月。一个日本兵要强奸她，她进行反抗，因此被他用刺刀狠狠刺了一通。她的胸部和脸部被刺伤 19 处，腿上挨了八刀，下身挨的一刀有 2 英寸深。"

1947 年 2 月，在审判南京大屠杀凶犯谷寿夫的军事法庭上，面对着谷寿夫躲闪的目光，李秀英撩起衣衫，指着累累伤疤，一字一泪地向法庭内所有人员讲述着那不堪回首的往事：

1937 年 12 月 13 日下午，日本军队一进城，就开始杀、烧、淫、掠。我的丈夫已经逃到江北乡下避难。我因有七个月身孕，行动不便，就和父亲留在城内未走，躲在五台山一所小学的地下室里。

12 月 19 日上午 9 点钟，来了六个日本兵，他们跑到地下室，想拉走我和其他十多个年轻妇女。我宁死也不肯受辱，急得没有办法，就一头撞在墙上，昏倒在地。当我醒来时，日军已经走了。后来我感到这样做没有用，鬼子迟早还会找过来。我自幼跟父亲学过一点武术，所以我打算再遇鬼子时就跟他们拼一拼。一天中午，又来了三个日本兵，他们把男人赶走，两个日军把两个妇女带到另外一间屋子去后，一个日军便上来解我的纽扣，我看他腰间挂着一把刺刀，急中生智，决定夺他的刀。我趁机握住刀柄，日军见状大惊，同我争夺刀柄。我手不能用，就用牙咬，日军被咬痛了，哇哇直叫。隔壁屋里的两个日军听到喊声，就跑过来帮助这个日军。我一个人对付三个人，很困难，就又抓住那日军的刀柄不放，和他搏斗。其他两个日军用刺刀向我身上身下乱戳，我的脸上、腿上都被戳了好几刀。最后，一个日军捅到了我的肚子，我立即失去了知觉。

日军走了，看看倒在血泊中的女儿，李秀英父亲以为她已死了，含泪找来几个邻居，准备用一扇木板把她抬到五台山旁埋掉。她被抬出门后，一阵阵刺骨的寒风吹来，昏死中的李秀英慢慢睁开了双眼。乡亲们立即将她送往医院抢救。经医生检查，她的嘴唇、鼻子、眼皮都被刺破了。第二天，她又流产了。

经过七个月的治疗，李秀英带着浑身刀伤重新回到了父亲的身旁。

像李秀英一样，在南京大屠杀期间，许多普通的柔弱女子，面对日军的兽行，为了保持民族气节和自身的尊严，不惜以死抗争，成为后人楷模。

南京柏果树妇女傅如芬，为了保护邻居家刚生孩子的产妇不遭日军凌辱，挺身而出，与兽兵搏斗。因力不斗敌，最后为保住清白，与产妇一家七口人，全部投塘自杀。

家住江心洲的一位女青年，见日军企图前来强奸，借口说需上船过了水塘，到后面的树林中去。这位日军不知有诈，便跟着上船。船至塘中，她便将船弄翻，使日军掉入塘中淹死。

下浮桥清真寺老阿訇杨桂芳的两个女儿，为抗拒日军奸污，跑至沙洲圩跳水自杀。

马府街44号少女丁振清，当日军欲对其奸淫时，坚决不从，并用手护住胸部，被日军当场杀死。

逸仙桥附近的几位妇女，被一伙日军抓住后，虽然衣服已被强行撕去，但仍与日兵搏斗，并大骂日军为畜生。她们中，有的被割去耳朵，有的被割去舌头。

上海路一位小学女教师，曾五次遇到日军的纠缠，后来，她设法弄到一支枪，藏在枕头下面，一天，又有一伙外出寻"花姑娘"的日本兵来到她的住所，她迅速拿出枪，一连打死了五个日本兵。最后，自己也被日军打死。

下关保善街的一位妇女马氏，在日军来强奸时，用酒把敌人灌醉，然后在丈夫和邻居的帮助下，用切西瓜的刀杀死了这个日军，并悄悄将其尸体运到野藕塘里埋掉。

家住下关鲜鱼巷 79 号的青年妇女朱二姑娘，为了免受日军污辱，女扮男装，随父亲朱振宇逃到二板桥一个茅棚里避难。一天，一伙日本兵闯进了茅棚，用推上了子弹的枪指着朱二姑娘，用半生不熟的中国话说："中国兵此地有，你的出来。"拉起朱二姑娘就向屋外拖。开始，朱二姑娘与日本兵对揪，不肯出来。但日军人多，实在顶不住了，她就横下一条

▲逃难到江南水泥厂难民区的妇孺，她们的男人全被日军杀死，无家可归。

心，猛地夺下日军腰间的佩刀，和他们拼命。当她刚刚举起佩刀，周围的日军已向她腹部连刺了三刀。朱二姑娘倒下了，但她的手中仍紧紧握着佩刀，双目怒视着日军。

记者林娜则以质朴的语言向抗战大后方的人民报道了南京一位青年女子与当地村民一道，用智谋将三个兽性大发的日本兵杀死的动人故事：

有三个日本兵坐着一辆坦克车到江北去，在那儿地面是非常潮湿的，车一陷在湿泥里就走不动了。日本兵从车中走出，打算到村子里去找乡下人来拉，在路上遇到一美丽的妇人，日本兵便拼命地赶上去，但那妇人反却一动不动地站着，等他们走近了，她就问他们要什么，日本兵乐得嬉皮笑面，连声'姑娘，姑娘'地叫，那妇女点着头就把他们带到一间房子来，对他们说：她怕见枪炮，要姑娘可以的，把枪炮留在房门外吧。日本兵一想，她既然愿意带他们来，一定不会有什么鬼（诡）计的，于是答应了。那妇人先进到房子里去避入了床中，床的周围被帐布密掩着，日本兵等了好一会儿不见动静，以为她害羞不敢出来，便跑进去翻开帐一看，天啊！床上是空的，那妇人已不知何处去了。他们正在大呼小叫的时候，门外的枪声响了，三个日本兵就同时被消灭了！

◎ 游击队在行动

这是一个漆黑的冬夜，时间已接近凌晨，路上行人绝迹。经过长达四十余天的血腥屠杀，整个南京城陷入了地狱般的寂静。

南京铁道部，这里曾是南京卫戍司令部所在地，南京沦陷后成为日军兵营。昏暗的灯光下，大门前站立着两位日本哨兵，因为连日的烧杀淫掠，他们似已十分疲惫。

不知何时，离大门不远的马路上，出现了两个紧身打扮的黑衣人。两人行动敏捷，落地无声，借助黑夜的掩护，慢慢地靠近了岗亭。

在离岗亭还有三四米远的地方，黑衣人停了下来，警惕地巡视着马路四周。然后，他们互相使了一个手势，猛然，出现在两个日本哨兵的面前，随之两把雪亮的匕首就分别刺进了哨兵的胸膛，日哨兵连吭也未来得及吭一声就倒了下去。

黑衣人向后面招了招手，便迅速冲进院内。很快，数百名身着各色衣服、手执各种武器的人从对面倒塌的房屋后面闪出，紧跟着也冲进院内。

原来，这是一支由打散的国民党士兵、死里逃生的难民和城郊的村民组织起来的抗日游击队。他们亲眼目睹了日军在南京的暴行，国恨家仇使他们义愤填膺，他们要向日军讨还血债！

▲美国《时代》杂志拍摄的国民党敌后抗战游击队在进行训练

"呼！呼！"清脆的枪声打破了寒夜的宁静，也将正处于梦乡中的日本士兵惊醒。他们来不及穿上衣服，拿起身边的武器凭窗抵抗。

霎时，铁道部大院内，响起了一阵阵激烈的枪声和手榴弹的爆炸声。

马路上，也响起了警笛声。一辆辆载满全副武装日军的卡车从四面八方向铁道部聚集，很快，日军就将铁道部围了个水泄不通。

这是一场悲壮的战斗，500 名游击队员凭借手中简陋的武器，甚至是大刀、长矛，与武器精良、数倍于己的日军展开了殊死的搏斗。

天亮了，枪声也渐渐稀疏下来，直至完全停止。铁道部院内外，到处都是日军和游击队员的尸体，日本兵正在将受伤的同伴抬上救护车。

500 名游击队员全部战死，无一生还。

但是，其他游击队员并没有放下武装，他们仍在寻机消灭日军。

一天，十余位游击队员偷偷将藏在城里的枪械运往古林庵。这里是一片遍布坟茔的荒凉之地，古树参天，阴森可怖，杳无人迹。可惜由于事不机密，他们的行踪被日伪发现了，十余人全部被捕。

被游击队搅得日夜不能安宁的日军，为了威慑一切抗日武装和抗日人士，以极其残酷的手段将抓捕的十余位游击队员全部活活地钉死在墙上，但没有一人向日军求饶。

几天之后，又一股游击队员乘天黑攻打紫金山附近的富贵山，并占领了富贵山，将潜伏在城内的四百名武装难民接应出去，更进一步壮大了自己的力量。

游击队员还神出鬼没，不断袭击小股日军，使日军不敢单独行动。曾参加攻击南京的日本士兵冈本健三事后曾说："游击队的活动在南京也很厉害。我们绝对不能单独行动。当时有掉队什么的，士兵们接连不断地遭到了杀害。他们不是被手枪打死的，而是被刺杀死的。暗杀好像天天发生。"

南京城郊游击队员的活动，引起了日军的极大恐慌，据当时报纸报道：离南京城五里路以外，日本兵便不敢出去，沿公路线，也要驾着兵车，一边走一边开机关枪。

而南京人民则因游击队的活动而备受鼓舞，他们纷纷扯下被迫悬挂的日本太阳旗与佩戴的太阳臂章。他们相信：最后的胜利一定属于中国。

◎ 日本总领事官邸毒酒案

1939 年 6 月 10 日夜晚，日本驻南京总领事官邸内，灯火通明，群魔乱舞。

日本驻南京总领事堀公一正在官邸内举行盛大的欢迎宴会，招待昨天刚刚抵达南京的日本外务省次官清水。应邀出席宴会的有：日本华中派遣军副参谋长铃木宗作少将，海军大佐泽田、中佐田中，警察署长内藤四郎；伪维新政府行政院长梁鸿志、伪立法院长温宗尧、伪绥靖部长任援道、伪外交部长廉隅、伪南京特别市市长高冠吾。

宴会于 7 时 35 分开始，堀公一举起酒杯，首先致辞，对清水次官及各位来客的到来表示欢迎，在一声"干杯!"声中，各人均将自己杯中白酒饮尽。

一时间，宴席上传来一声声的碰杯声和欢笑声，日伪头目趁兴喝了一杯又一杯。突然，一名会品酒的汉奸叫了起来：

"这酒味道不对，当心毒药。"随着汉奸的叫声，喧闹的会场立时安静下来，与会者带着满腹疑虑，端起酒杯，嗅了又嗅。

堀公一立即命令书记官船山、警察署长内藤去厨房查看。不一会儿，船山、内藤回来报告："厨房内酒中确有异味，恐不宜再饮。"堀公一立即宣布停止饮酒，并命令内藤封锁通道，集中所有仆役进行追查。

可是，已经晚了，喝酒较多的已经出现中毒反应，有的口舌麻痹，有的不停呕吐，有的神志不清，严重的已昏迷过去，恐怖的气氛在整个官邸内弥漫。

接到总领事官邸的救急电话，同仁会医院、有安医院、金城医院及日本陆军各医院，紧急派出救护车，向官邸驶来。大队日伪警察也乘上警车，一路尖叫着来到官邸。一时间，日本总领事官邸门前，警笛阵阵，戒备森严。中毒者被紧急送往医院抢救。

▲南京日本大使馆

这起毒酒事件，有两名日本人即船山书记官及日领事馆另一名书记官宫下因中毒太深，不治身亡，另有包括堀公一和清水在内的多名日本军政要员及汉奸中毒，经抢救才保住性命。

事情发生后，日伪警察立即拘捕了官邸内的所有中国仆役，他们发现缺少了平时比较老实的詹长麟、詹长炳兄弟。经审讯中国仆役，他们得知宴会开始时詹氏兄弟仍在院内，而晚宴上所饮酒正是詹氏兄弟所购。于是，一群如狼似虎的日军立即扑向詹氏兄弟的住所，可是他们扑空了，这里早已是人走屋空。日伪军立即戒严，在城内各街道、码头、车站张贴印有詹氏兄弟头像的缉查令，并在全城范围内搜捕詹氏兄弟。可是，日伪军仍一无所获。

6月25日，一封寄自上海、有詹氏兄弟签名的信件送到了刚刚痊愈出院的日本驻南京总领事堀公一的案头。信中写道：

我们兄弟两人在日本总领事馆几年的服务期间，对你们日本人是非常好的。我们也非常忠于职守，没有一次做过违背你们的事，这你们也是相信的吧……后来，南京被你们日本兵占领，我们亲眼看到了日本兵在南京烧杀奸淫的一切兽行。甚至连我们自己的家也被你们烧了，我们的妻子也被日本兵强奸了，家里的东西也被日本兵抢劫一空。我们兄弟虽如此在领事馆内忠实服务，而我们的家被烧，妻子被奸污，财物被掠夺，可怜劳动半生的血汗全被你们破坏尽净。既然如此，我们还有什么希望？我们决心要为国报仇，为家雪耻，我们已经和日本人势不两立……

我们不管成功的可能性大小，只是为了满足报仇雪耻的心愿。我们事前对谁也没有讲，事后更不愿意给别人添麻烦，"好汉做事一人当"，我们不想再说假话。我们已经来到上海，明天就要去香港，你们有本事就请来捉我们吧！但不要怀疑其他的人。我们既然做了此事，就不怕死，如果被你们捉住，愿为多数被你们蹂躏的人们报仇雪耻，死而无憾。像我们这样的劳动者，除以这样的死作为代价之外，没有比这更光荣的。

原来，詹长麟、詹长炳兄弟都是日本领事馆的仆役。日军占领南京后，实施血腥屠杀政策，引起詹氏兄弟的强烈愤恨。他们一直寻机向日本人复仇。6 月 8 日，当他们得知堀公一向日伪头目发放宴会请帖时，他们认为时机来了。经过策划，他们利用奉命买酒的机会，将大量阿托品放入了所购酒中，并由哥哥詹长炳先行带领眷属前往江北，待诸事办妥后，詹长麟趁官邸内众日伪敌怀豪饮，无人注意之机，偷偷跑出总领事官邸，并连夜雇船逃至江北。詹氏兄弟在江北会合后，随即辗转到达上海。其后詹氏一家在许多爱国人士的掩护下，由上海安全抵达香港。

◎ 新四军战斗在南京城郊

1938 年 5 月，革命圣地延安。毛泽东居住的窑洞，又是通宵灯明。

"在广德、苏州、镇江、南京、芜湖五区之间广大地区创造根据地，发动民众的抗日斗争，组织民众武装，发展新的游击队，是完全有希望的。"毛泽东的指示通过电波，越过千山万水，到达新四军军部皖南岩寺。

同月，由新四军第一、第二、第三支队抽调部分干部、战士组成的新四军先遣支队，在第二支队副司令员粟裕的率领下，从皖南岩寺出发，越过日军封锁线后，向南京近郊秣陵关挺进。

6月、7月间，新四军第一支队陈毅部与第二支队张鼎丞部进抵句容、江宁、溧水、当涂地区，并很快在离南京不远的茅山地区建立了抗日根据地。

▲新四军第一、第二支队挺进敌后，开辟以茅山为中心的苏南抗日根据地。

新四军抵达苏南后，根据当时的形势及南京、镇江等地的地形特征，制定了以伏击战"消灭远出和行进中分散的敌人，截夺取辎重，争取不断的小战斗胜利"，"以小游击队到南京、镇江附近，用突然的动作实施扰乱，以威胁敌人"的作战方针。茅山抗日根据地就像插进日伪统治心脏的一把匕首，不断予日伪军以沉重打击。

1938年7月10日清晨，位于南京东郊汤山与句容间的交通要冲新塘镇，淡淡的晨雾刚刚消退，除了远处农舍房顶上飘来的缕缕炊烟和偶尔传来的公鸡啼鸣声，田野里还是一片宁静。

在这貌似平静的表象下面，正酝酿着一场激烈的战斗。公路两侧低矮的山冈和丛林里，正埋伏着一支抗日武装，他们是新四军第一支队2团2营和当地游击队的数百名战士，他们睁大双眼，注视着南京方向。

突然，新塘西边的公路上扬起一片尘土。两辆日本军用卡车轰鸣着向新塘方向驶来。其后约100米处，另有七辆军车跟进。卡车上，共乘坐有200余名携带轻重武器的日伪军。当所有日军汽车全部进入伏击圈后，指挥员一声令下："打！"

霎时，密集的机枪、步枪子弹带着仇恨的怒火纷纷射向敌军。投弹手将手榴弹准确地投入汽车车厢，当即有两辆汽车的汽缸被炸毁，汽车爆炸。面对突如其来的袭击，日伪军纷纷跳下汽车，就地卧倒，举枪还击。

枪声、手榴弹及汽车的爆炸声在宁静的清晨显得格外刺耳，传出数里之外。汤山日伪军300余人，在坦克的引导下，火速赶来增援。

看到日军援兵赶到，伏击日军的目的已经达到，新四军边打边撤，很快就没了踪迹。

新塘伏击战，新四军与当地游击队密切配合，共炸毁日军汽车两辆，歼灭日伪军40余人，自己仅伤亡各一人。

接着，新四军第一、第二支队又在雨花台及南京西南郊等地，不断袭击日伪军：

7月14日，第一支队1团的部分部队袭击了西善桥日军据点，战斗半小时，毙伤日军20名，缴获步枪三支及一些军用品。

9月16日，第二支队部分兵力袭击了京芜铁路板桥车站，击毙日军30余人，缴枪十余支。

9月20日，新四军侦察人员化装进入南京城，张贴布告，抓捕敌探，迫使日军宣布全城特别戒严。

11 月 26 日，第二支队侦察连进击雨花台守敌，激战一小时，敌不支向城内逃去。侦察队又以猛烈火力射向中华门城堡，日军龟缩城内，不敢出战。新四军的红旗曾一度飘扬在雨花台山顶。

新四军的活动，引起南京日伪当局的极大恐慌，日伪军多次出动优势兵力，围剿扫荡新四军。为此，新四军指战员付出了极大牺牲。1939 年 2 月 26 日，在江宁云台山战斗中，有 80 余名新四军指战员壮烈牺牲。

日伪的围剿扫荡，并没有吓倒新四军，他们仍战斗在金陵城下，给处于日伪血腥统治下的南京人民带来了胜利的希望。1939 年 6 月，新四军第一支队司令员陈毅对新四军一年来在南京近郊一带的对敌斗争作了认真总结，指出："我们经常有一个部队在南京、镇江、句容间三角狭窄地区，敌人动员千余兵

▲南京城外的抗战标语"拿热血换取民族的独立自由"，体现了中华民族不屈的精神，广大将士守土保家必死的决心。

力进行 23 次围攻，我们仍然留在该地坚持。有时候整星期不到民家，完全露营，半夜才到民家烧饭吃，这就大大提高人民对游击战的信心。人民清楚知道敌寇伎俩，会在国军面前屈服，呈现智穷力拙的状态，所以在去冬以来才开始了居民盛大的慰劳我军的运动，这是艰苦斗争的代价，绝不是偶然的凑合，更不是简单的宣传鼓动家能够解决的问题。"

新四军在南京近郊的抗日活动，再次向世人表明：南京人民不可辱！南京人民绝不会向日军屈服！血债要以血来还！

历　史　审　判

1945 年 8 月 15 日，在中国人民及世界反法西斯力量的沉重打击下，日本被迫宣布接受《波茨坦公告》，无条件投降。9 月 2 日，在东京湾美国战舰"密苏里"号上，举行了日本向全体盟国正式投降签字仪式；9 月 9 日，在南京中国陆军总司令部礼堂，举行了中国战区的日军投降签字仪式，日本代表冈村宁次在投降书上签字。

日本投降后，盟国和中国分别设立了远东国际军事法庭和中国审判战犯军事法庭，对犯有破坏和平罪、违反战争法规及惯例罪、违反人道罪的日本战犯分别进行审判。由于南京大屠杀是件十分突出的历史事件，远东军事法庭和中国军事法庭均对此案进行了严肃认真的调查、审理，并作出了正义的审判。

◎ 东京审判

1946 年 1 月 19 日，驻日盟军最高统帅麦克阿瑟发布特别通告，宣布在东京设立远东国际军事法庭，审判及惩罚日本的首要战犯。

远东国际军事法庭由美国、中国、英国、苏联、澳大利

▲远东国际军事法庭全景

▲远东国际军事法庭庭审情形

亚、加拿大、法国、荷兰、新西兰、印度、菲律宾等十一国的
十一名审判官组成，审判长由澳大利亚昆士兰州最高法院院长

韦勃担任。首席检察官由美国大律师约瑟夫·季南担任，参加远东军事法庭的十一国各派陪席检察官一人，以为辅佐。中国立法院外交委员会主席梅汝璈出任审判官，中国上海高等法院首席检察官向哲浚出任陪席检察官。由于工作上的需要，中国先后参加国际军事法庭工作的还有杨寿林（梅汝璈秘书）、裘劭恒（向哲浚秘书）、高文彬、倪征燠（中国检察处顾问）以及鄂森、吴学义、桂裕等人。

远东国际军事法庭设立在著名的日本陆军士官学校所在地。这里是日本军国主义的摇篮，日本高级军官中，绝大多数人就是由这里开始军人生涯的。侵华战争期间，这里又成为日本军部和参谋本部的"大本营"。远东国际军事法庭的审判官们，也将在这里对日本军国主义者的罪恶作一历史的清算。

1946 年 5 月 3 日，远东国际军事法庭正式开庭，对东条英机、松井石根、广田弘毅、土肥原贤二、板垣征四郎、武藤章等 28 位日本甲级战犯进行审判。

由于南京大屠杀是第二次世界大战期间发生的一件非常突出的暴行事件，远东国际军事法庭对此案及其指挥官松井石根进行了严肃认真的审理。据参加东京审判的中国大法官梅汝璈先生回忆："我们花了差不多三个星期的工夫专事听取来自中国、亲历目睹的中外证人（人数在十名以上）的口头证言及检察和被告律师双方的对质辩难，接受了 100 件以上的书面证词和有关文件，并且鞫讯了松井石根本人。"

一份来自德国外交部的机密档案引起了法庭的高度重视。它是当时德国驻南京外交人员给德国外交部的密报，盟军攻占柏林后，在德国外交部机密档案库里搜查得到。报告详细地记录了日军在南京杀人如麻以及强奸、放火、抢劫的暴行。报告的结论是："犯罪的不是这个日本人，或者那个日本人，而是整个的日本皇军。……它是一部正在开动的野兽机器。"由于第二次世界大战期间，日德结成了法西斯同盟，其报告的真实性毋庸置疑。

为了取得实证，在远东国际军事法庭的委派下，裘劭恒带着两个美国人来到了大屠杀的发生地南京，找到了不少幸存者及遇难者家属，掌握一大批具体的资料，并将伍长德、梁廷芳、尚德义、许传音等中方证人带到了东京。同时，南京鼓楼医院的医生威尔逊、金陵大学教授贝德士以及南京沦陷时任南京国际红十字会主席的美国牧师马吉等人，也作为外籍证人到达东京。

在法庭上，面对南京大屠杀的杀人主犯，伍长德向法官们叙述了自己死里逃生的血泪经历：

1937 年 12 月南京沦陷后，正在南京当警察的伍长德躲进了难民区的司法院难民营。12 月 15 日上午，忽然来了十几个日本兵，用刺刀把青壮年男子全部赶到外面，集中到马路上，共 2000 余人。下午，这些人被押到汉中门，日军拿着长绳子，从人群中圈人，每批一二百人，驱往汉中门外护城河边用机枪扫射，尸体都跌入河内。到第十七批时，伍长德也被圈进去了。此时，已是下午 5 点多钟，他看到眼前全是倒卧的尸体，便扑倒在地。恰在此时，机枪响了。人们接二连三地倒下去，他被埋在尸体下面。为了不留活口，日军又用刺刀刺杀尚未断气的人，伍长德的背部即被刺了一刀。随后，日军又向尸体上浇上汽油，点火焚烧。伍长德趁着天黑，忍痛跳进护城河，总算捡回了一条命。后来，他被送进鼓楼医院，住了五十多天才医好刀伤，但背上留下了一条 5 寸多长的伤痕。

为伍长德医治伤口的鼓楼医院美国医生威尔逊在向法庭作证时，在列举了多起日军暴行后，也提到了伍长德："一个人是中国警察，送进医院时，背中央有一道很深的伤口，他是一次在城墙外集体屠杀中的唯一幸存者。日本人先用机枪扫射，后用刺刀戳，那个人叫伍长德。"

1946 年 7 月 29 日，星期一。远东国际军事法庭请南京金陵大学美籍教授贝德士出庭作证。庭长韦勃，担任讯问的是美籍助理检察官索登。下面辑录的是华中师范大学教授章开沅先生根据贝德士档案翻译的部分法庭记录：

▲威尔逊医生在远东国际军事法庭上就日军在南京的暴行作证

问：日本人占领南京以后，日本士兵的行为如何？

答：问题是如此之大，我不知如何说起。我只能说，我自己亲眼看到枪杀平民的完整过程，没有任何激怒原因或其他明显的理由，从我的房屋中抓走一个中国人并且枪杀了。从隔一道门的邻居房屋中抓走两个男人，当时（日本）士兵们抓住并强奸他们的妻子，他们在惊吓中起来，被带走并在靠近我家的塘边枪杀，尸首丢在塘里。日军进攻后，平民的尸体好多天被弃置在我家附近的大街小巷。整个屠杀分布如此之广，没有人能够给以完整的描述。……作为我们调查、观察、核实尸体的结果，史密斯教授和我推断，有 12000 个平民，男人、女人和儿童，根据我们的可靠资讯，在城内被杀死。还有其他许多不为我们所了解的人在城内被杀死，其数字我们无法查核，另有大量平民在城外就地处决。这不包括对数以万计的中国士兵和曾是中国士兵的人的屠杀。

问：以前的士兵或被指认的士兵是在什么样的情况下被杀？

答：大批中国士兵在交出武器投降后，于最初72小时内，迅即在城外做机枪扫射处决，大多数在扬子江边。我们国际委员会雇用工人搬走3万多具士兵的尸体。……我们无法统计投入江中或以其他方式埋葬的尸体数目……有三个星期的时间，日军逐日派来军官和军士，企图在安全区难民中发现并抓走以前的士兵。这是他们的例行公事，他们要求安全区某一部分，或某个难民营的身体健全的男人，列队接受检查，如果他们手上有老茧，或额头皮肤显示帽印，则立即被抓走。……凡被指控为以前的士兵者，就被抓走，大多立即成群枪毙在城边……

问：日本人士在南京市对妇女举止如何？

答：这是整个画面中最粗暴与最悲惨的部分。重复一句，在我三个最近的邻居家里，妇女被强奸，包括大学教师的妻子。如果你有此意愿，我可以详细叙述，在五次不同场合，我亲自把正在施行强奸的日本兵从妇女身边拉开。……南京被占领一个月以后，国际委员会主席拉贝先生向德国政府报告，他和他的同事们认为，已发生的强奸案件不会少于两万……强奸通常不分昼夜，有许多案例就发生在街道旁边。在南京神学院校园内，我有一个朋友亲眼看见十七个日本兵快速连续强奸一个中国妇女……

问：日本士兵对南京城市中国平民财产的举止如何？

答：从一进城，士兵就随时随地拿走任何财物……在日军占领的最初日子里，估计约5万日本士兵，从难民那里抢走大量卧具、炊具和食物。实际上，在占领的头六七周，城内每所房屋都被成群的游荡士兵进入许多许多次。有若干案例，抢劫是有组织的和成系列的，在官员指挥下利用成队军车。银行的保险柜，包括德国官员和侨民私人寄存的保险箱，都被乙炔喷火器切割打开。有次我看见一个军需供应队伍，有 2/3 英里长，满载规格很好的红木与黑木家具……

经过长达两年半的审判，1948 年 11 月 4 日，远东国际军事法庭对包括松井石根在内的日本甲级战犯进行宣判。在长达1218 页的判决书中，用两个专章的篇幅，作了题为"攻击南京"和"南京大屠杀"的判词，确认侵华日军在南京的暴行是在日本官方默许和支持下进行的，"日军仅于占领南京后最初的六个星期内，不算大量抛江焚毁的尸体，即屠杀了平民和俘虏20 万人以上"。

▲ 在远东国际军事法庭接受审讯的松井石根

判决书认定松井石根应对南京大屠杀事件负责。判决书指出：

松井在 1935 年退役，在 1937 年因指挥上海派遣军而复返现役。接着，被任命为包括上海派遣军和第十军的华中方面军司令官。他率领这些军队，在 1937 年 12 月 13 日占领了南京市。中国军队在南京陷落前就撤退了，因此所占领的是无抵抗的都市。接着发生的是日本陆军对无力的市民，长时间继续着最恐怖的暴行。日本军人进行了大批屠杀、杀害个人、强奸、劫掠及放火。……当这些恐怖的突然事件达到最高潮时，即12月17日，松井进南京城并曾停留五天至七天左右。根据他本身的观察和幕僚的报告，他理应知道发生了什么事情。他自己承认曾从宪兵队和领事馆人员听说过他的军队有某种程度的非法行为。在南京的日本外交代表曾每天收到关于此类暴行的报告，他们并将这些报告给东京。本法庭认为有充分的证据证明松井知道发生了什么样的事情。对于这些恐怖行为，他置若罔闻，或没有采取任何有效办法来缓和它。

针对松井石根以自己当时在生病而推卸罪责的行为，判决书指出："他的疾病既没有阻碍他指导下的作战行动，又没有阻碍他在发生这类暴行时访问该市区数日之久。而对于这类暴行负有责任的军队又是属他指挥的。他是知道这类暴行的。他既有义务也有权力统制他自己的军队和保护南京的不幸市民。由于他怠忽这些义务的履行，不能不认为他负有犯罪责任。"

远东国际军事法庭判处松井石根绞刑。1948年12月22日，东京巢鸭监狱，南京大屠杀的主犯松井石根被推上了绞刑台。

◎ 公审谷寿夫

1946年8月1日，上海大场机场，军警林立，戒备森严。下午6时，一架美国军用飞机在环绕机场一周后，徐徐降落。

舱门打开，在几名全副武装的中国宪兵的押送下，两名神情沮丧的日本人缓缓走下舷梯。随即，在几名军人的引导下，分别钻进早已等候在此的两辆军用吉普车，向东驶去。

这两名日本人均为日本战犯，一位是曾率领侵华日军在南京屠杀数以万计平民及放下武器的中国军人的原日第6师团师团长谷寿夫，另一位则是前日本关东军参谋长矶谷廉介。他们是在中国政府的强烈要求下，由远东国际军事法庭拘押引渡来华接受审判的。等待他们的，将是中国国防部审判战犯军事法庭（简称中国军事法庭）的正义审判。

当踏上南京这片曾经洒满数十万无辜百姓鲜血的土地时，谷寿夫便深知罪责难逃，但又心存侥幸。因此，在接受中国军事法庭提审时，谷寿夫尽管对1937年12月13日率部由中华门侵入南京供认不讳，但同时却极力否认本人与南京大屠杀有关。

为了掌握谷寿夫在南京罪行的更多证据，10月28日，中国军事法庭在南京大街小巷，张贴布告，号召南京人民特别是中华门一带的受害者及其遗属，控诉谷寿夫的罪行。

南京沸腾了！千千万万的受害者，纷纷行动起来，揭发控诉谷寿夫及其所部滔天罪行的信件，经各种渠道，如雪片般送达军事法庭。

与此同时，军事法庭会同当时在南京的红十字会工作人员、原掩埋队成员、被害人亲属和检验人员，共同对中华门附近的五处尸骨掩埋地进行挖掘，挖出被害人尸骸头颅数千具，经法医检验证明：这些尸骸头颅多有刀枪伤痕，死因有刀砍、中弹而亡、钝器击伤、焚烧等多种。

在掌握了充分的证据后，1946年12月31日，中国军事法庭检察官以破坏和平罪和违反人道罪对谷寿夫正式提起公诉，并请课处以极刑。起诉书指出：被告谷寿夫为陆军中将师团长，积极参加侵华战争，凶暴残忍，在进攻南京和入城后，

▲石美瑜指挥军事法院检调人员与法医在中
华门外挖掘受害者的骨骸

"为宣扬日本武威并为摧残中国人民抗日精神与民族意识起见，
与中岛今朝吾等部，发动震骇中外、旷古惨劫之南京大屠杀，
被害者达数十万人"，已构成战争罪、破坏和平和违反人道罪，
应处以极刑。

1947 年 2 月 6 日，下午 2 时未到，能容纳千余人的会堂内
早已座无虚席，门外还聚集有数以千计的市民。为了让不能亲
睹审判的市民了解公审情况，军事法庭特意装设了几个扩音喇

叭，现场直播审讯实况。

2时整，中国军事法庭庭长石美瑜率法官走向法官席，石美瑜居中，法官宋书同、李元庆、叶再增、葛召棠，检察官陈光虞、书记官张体坤分别依次就座两旁。石美瑜扫视全场，见一切就绪，遂威严地高呼："带被告谷寿夫！"

场内一片沉寂，在法警的带领下，身着黑色大衣、头戴灰呢帽、左边还夹着一个黑皮包的谷寿夫走上被告席。

▲谷寿夫接受中国军事法庭审讯情形

石问：被告姓名、年龄、籍贯。

谷答：谷寿夫，66岁，日本京都人。

随后，石庭长请公诉人陈光虞宣读起诉书。陈光虞读完起诉书后，由日文翻译用日文读一遍。谷寿夫仔细倾听着，并不时在纸上记着什么。

审讯中，谷寿夫供认他所率领的侵华日军参加了侵略中国的战斗，并参加了南京攻略战，但对其所属部队在中华门一带屠杀平民的罪行百般抵赖、推卸，并声称：没有确证，我不能承认。

石美瑜深知，老奸巨猾的谷寿夫是不见棺材不掉泪，只有让证据说话。"将被害者的头颅骨搬上来！"石美瑜大声传令。宪兵抬着一袋又一袋从中华门外挖掘出的人头骨走进法庭，倒在长桌上。法医潘英才宣读了对头骨等的检验鉴定书：头上有刀痕、弹孔，大多数是妇孺老人。

接着，南京红十字会副会长许传音，南京金陵大学美籍教授史密斯、贝德士以及姚加隆、陈二姑娘等分别出庭作证。

许传音作证说："日军入城后，秩序极乱，到处杀人、放火、抢劫和强奸。当时城内外到处有尸体，大部分是老百姓，有跪、有俯、有仰，惨不忍睹。日军提出要我会负责掩埋，并给予安全保障，发通行证。我们出于人道立场，于 12 月 15 日开始工作，共埋尸体 43123 具。"

史密斯作证说："南京安全区成立时，本人即为该区委员会秘书。日本军队进城以后，安全区内难民遭到日军残酷虐待，本人不得不向日本使馆抗议。日方要求提供事实，我们开始把目睹的日军暴行，逐件写出，连同抗议书，送交日方。"

贝德士作证说："1937 年 12 月 13 日日本军队进入南京之后，在广大范围内放火、抢劫，杀死、刺死与强奸平民，并枪杀被他们认为曾当过兵的非武装平民，持续了三到七个星期。在前三个星期内，尤其是前七至十天内，无辜被杀的不计其数。本人曾亲眼看见日军枪毙中国平民，满城各街，到处都是尸体。"

史密斯、贝德士作证时还都证明英国曼彻斯特导报记者田伯烈所著《外人目睹中之日军暴行》一书所述均为事实。

证人姚加隆就其妻子及子女三人被日军杀害作了陈述。陈二姑娘则向法庭哭诉自己被两个日军强暴的事实。

证人证言，字字血泪，激起旁听者的共愤，人们哭叫着：枪毙谷寿夫！

2月7日、8日，军事法庭又连续两天开庭公审，又有八十余名南京市民走上证人席，控诉谷寿夫的罪行。陈光虞再次指控谷寿夫罪行，要求法庭判处被告死刑，全场热烈鼓掌。

战犯谷寿夫要求法庭传讯参加进攻南京的其他日本高级将领。石美瑜当庭指出：参加进攻南京的日军将领，对南京大屠杀惨案均有共犯嫌疑，本庭正计划引渡来华审理，但并非作为证人。驳回了谷寿夫的申请。

中国军事法庭经过历时近五个月的调查、审讯后，于1947年3月10日，对战犯谷寿夫进行了宣判。判决书中，确认战犯谷寿夫犯有以下罪行：

一、屠杀。谷寿夫所率之第6师团于1937年12月12日侵入南京时，即开始屠杀放下武器的俘虏和平民，以后又会同中岛、末松、牛岛等部，分窜至南京各区，展开大规模屠杀，继以焚烧奸掠。查屠杀最严重时期为12月12日至21日，也就是谷寿夫部驻守南京期间。计在中华门花神庙、宝塔桥、石观音、下关草鞋峡等处，被日军用机枪集体射杀并焚尸灭迹的，有单耀亭等19万余人；遭日军零星屠杀、尸体经慈善机构收埋的有15万余具，总计被害军民达30万人以上。

二、强奸。日军进入南京后，不顾国际正义，四处强奸，虽有外侨团体多次向日军当局严重抗议，但谷寿夫等日军将领置若罔闻，放任部属肆逞淫欲。

三、焚烧。日军所至，焚烧与屠杀同时实施。南京沦陷之初，沿中华门迄下关江边，遍处大火，烈焰烛天，半城几成灰烬，公私财产的损失不可以数字统计。至 12 月 20 日，日军更对南京全城进行有计划的纵火暴行，市中心区的太平路火焰遍布，至夜未熄，市民如敢营救，尽被屠杀。

四、抢劫。日军贪婪成性，举凡粮食、牲畜、器皿、古玩，莫不劫取。

基于上述罪行，中国军事法庭依据中国《刑事诉讼法》、《国际海牙陆战规例》、《国际战时俘虏待遇公约》、《中国战争罪犯审判条例》及《刑法》的有关规定，作出严正判决："谷寿夫在作战期间，共同纵兵屠杀俘虏及非战斗人员，并强奸、抢劫、破坏财产，处死刑。"

4 月 25 日，国民政府主席蒋介石亲自签批了判处谷寿夫死刑的代电。

▲ 刑场上的谷寿夫

1947 年 4 月 26 日，上午 9 时 30 分，国防部小营战犯拘留所的一座小楼的二楼，被布置成中国军事法庭临时法庭。检察官陈光虞偕书记官及日文翻译官黄文政、岑治等入座，旋即发出威严的命令："带战犯谷寿夫！"

在两位法警的押送下，身着草青色军服、黑布鞋，神色极其憔悴颓丧的谷寿夫走进法庭。陈光虞问明姓名、年龄、籍贯后，将谷寿夫之妻、子、孙给谷犯的信共三封交给谷寿夫。谷寿夫匆匆阅过一遍，便放入口袋。陈问他是否回信时，谷寿夫用沙哑的声调回答说："希望让我写一封复信。"庭长允之。

10时整，陈光虞朗声宣布："被告谷寿夫，你的复审要求已被驳回，现经最高当局批准执行死刑，今日执行。你心中也很明白，这是公平合理合法的裁判。现在向你宣读国民政府主席代电。"听完蒋介石批准执行死刑的代电，谷寿夫脸色死灰，自知死期已至，但仍强辩说："南京大屠杀与我无关，希望法庭将全案真相查明后，再行执行。现在执行，你们将来会后悔的。"然后要求写遗书。法庭允准，就在靠门口一角，设一张小桌，又找来毛笔、纸及墨、砚。谷寿夫坐下边想边写，约20分钟，终于写完致其妻梅子的遗书。

11时零5分，宪兵将谷寿夫押上刑车，由警车开道驶往中华门外雨花台刑场。车到雨花台，看到满山坡都是欢呼的南京人，谷寿夫感到了前所未有的恐惧。当两名宪兵将他扶持下车时，他已瘫软难行，呆若木鸡，只好由两名宪兵挟持缓步前行。

12时45分，行刑时刻到了。行刑士兵除去谷寿夫所戴礼帽，由国防部警卫1团班长冯二根以手枪从脑后射击，一枪毙命。子弹由后脑进，从嘴里飞出，门牙被击落，倒地时脸朝天，口鼻流出的污血与泥土混在一起。杀人魔王谷寿夫结束了他罪恶的一生。

◎ 杀人恶魔伏法

春天的东京，樱花盛开，美丽的富士山正在向游人频频招手。但这一切，对正在日本东京远东国际军事法庭中国检察官办事处工作的中国人来说，真可谓可望而不可即。他们太忙了！为了不辜负祖国人民的嘱托，使日本战犯得到应有的惩罚，他们夜以继日，努力查找每一份可佐审判的证据。

中国检察官向哲浚的翻译高文彬的办公桌上堆满了一沓沓布满灰尘的日文旧报纸。早在来日之前，他已从外籍记者田伯烈所著《外人目睹中之日军暴行》（又名《日军暴行纪实》）一书中读过关于侵华日军第 6 师团向井敏明和野田毅在进攻南京途中进行杀人比赛的事情，现在国内正在对南京大屠杀的凶犯谷寿夫进行审讯，为了配合国内的工作，他想尽快找到 1937 年 11 月至 12 月《东京日日新闻》关于"杀人比赛"的原始报道。

功夫不负有心人，高文彬终于找到了。很快，有关报道向井和野田杀人比赛的报纸送到了中国检察官顾问倪征燠的面前。

"立即复印两份，寄交南京国防部审判战犯军事法庭。"倪征燠指示道。散发着血腥味的《东京日日新闻》复印件又放到了中国战争罪犯处理委员会的档案卷宗里。

1947 年 5 月 8 日，中国战争罪犯处理委员会作出决议：向盟军驻东京总部要求先行引渡杀人比赛的战犯向井敏明和野田毅。5 月 22 日，中国驻日代表团接到外交部的通知：正式向驻日盟军总部接洽引渡向井和野田。8 月 20 日，野田毅落网。9 月 2 日，向井敏明落网。10 月 25 日，日本海轮和顺号一声长鸣，缓缓停靠黄浦江码头。在宪兵上尉骆炳钟的押解下，战犯向井敏明和野田毅被送往上海战犯拘留所。

▲由日本引渡来华受审的向井敏明（右一）、野田毅（右二）

11月6日，上海审判战犯军事法庭对向井、野田进行侦讯后，通告两犯：即日解押南京，由中国国防部审判战犯军事法庭直接审判。

审讯是艰难的，为了逃避惩罚，两名凶犯竭尽狡辩之能事。

检察官问向井："你在与野田毅进行的杀人比赛中，因杀106人而取胜，有当时报纸的报道、照片为证，你知罪吗？"

"不。检察官先生，报纸的报道是假的。那是记者浅海为了帮我们夸耀武功，以博取女性欢心，将来回国好找到佳偶，故意虚构。"向井敏明狡辩道。

"在作战期间，日本对军事新闻检查极为严格，《东京日日新闻》为日本国内重要报纸，如果没有事实根据，报纸绝无虚构替被告宣传之理。至于以杀人竞赛这样凶残兽行作征婚广告以取女性欢心，更为现代人类史上闻所未闻。这完全是荒唐的编造。"检察官严词驳斥。

向井沮丧地低下头，不再狡辩。

12月4日，中国军事法庭检察官李璇正式对杀人暴徒向井敏明、野田毅起诉。

此前，另一名在南京西南郊一带以"助广"军刀连杀俘虏及非战斗人员300余人的原侵华日军第6师团谷寿夫部大尉中队长田中军吉，也应中国政府请求，由东京盟军总司令部缉拿归案，引渡来华，接受审判。

经过审讯，法庭认为：战犯田中军吉于1937年7月日本帝国主义发动全面侵华战争后，随侵华日军第6师团入侵华北，任该师团第45联队中队长。在随谷寿夫攻陷南京实施屠杀时，田中军吉以"助广"军刀斩杀我被俘军民300余人，有查获之"助广"军刀照片及其本人亲自挥刀斩杀平民之照片为证，应认其为南京大屠杀案中实施杀人共犯之一。

9月20日，中国军事法庭对田中军吉予以起诉。

12月18日，中国军事法庭在励志社大礼堂对战犯向井敏明、野田毅、田中军吉进行公审。

上午9时，公审开始。军事法庭审判长石美瑜端坐审判席中央，审判官李元庆、孙建中、龙钟煌、张体坤，检察官李璇、书记官施泳分坐审判长两旁。审判席两侧为证人席和律师席，审判席对面为被告席，翻译席紧靠被告席。法庭内座无虚席，庭外挤满了前来旁听公审实况的市民。中国电影制片厂的摄影师们正在摄制公审情形。

经过审理、辩论，中国军事法庭作出最终判决：向井敏明、野田毅、田中军吉在作战期间，共同连续屠杀俘虏及非战斗人员，各处死刑。

1948年1月26日，国民政府主席蒋介石正式批准判处三战犯死刑。

1948 年 1 月 28 日，向井敏明、野田毅、田中军吉被五花大绑，背插木质斩条，押上囚车，驶向雨花台刑场。"砰、砰、砰"三声枪响，三名刽子手结束了可耻的一生。

枪声在回响，南京人民在开怀欢呼。一切杀人凶手终究逃脱不了历史的正义判决。

安息吧！30 万名长眠九泉之下的死难同胞。

▲向井敏明、野田毅、田中军吉三战犯被执行枪决前一刻

勿 忘 国 耻

当年侵华日军南京大屠杀的元凶主犯虽然受到了严正的审判和应有的惩罚，可是从审判至今的近 70 年间，日本国内始终有人公然否定南京大屠杀，推卸战争罪责。1982 年，日本文部省颠倒黑白，把"侵略"改为"进入"的教科书事件，激起了南京人民的强烈愤慨，纷纷要求为南京大屠杀的遇难者建馆、立碑，纪念死者，教育后人，不忘历史。南京市政府顺应人民的要求，在江东门建起了纪念馆，并在市内主要屠杀地点建立纪念碑。

◎ 建馆立碑

1982 年 7 月，日本文部省强行修改历史教科书，将日本军国主义侵略中国，篡改为"进入"中国，并将原教科书中的"日本军队占领南京时屠杀了大量的非战斗人员并受到国际上指责"，改为"遭到中国军队的坚强抵抗，日军蒙受重大损失，因此，日军在攻占南京时屠杀了大量中国士兵和平民，并由此受到国际上的指责。"企图否定侵略中国，否认南京大屠杀事件。

日本文部省这一掩盖历史真相的卑劣行径，激起了中国人民的强烈愤慨。南京人民群众，包括工人、农民、干部、学生、解放军战士、医生、教师，纷纷提笔致书市政府，强烈呼吁就南京大屠杀事件，进行编史、建馆、立碑，"把血写的历史，永远铭刻在南京土地上"。

早在1982年，邓小平同志就曾经指示："岸信介（日本前首相）要搞满洲建国之碑……我们就要到处搞日本侵略之碑，以教育广大人民群众，教育子孙后代。"南京市委、市政府遵照小平同志的指示精神，顺应广大人民群众的要求，于1983年10月正式提出了为南京大屠杀遇难同胞建馆、立碑、编史的方案，上报中共江苏省委、省政府批准。同年11月，省委省政府批复同意，并要求"立即着手，尽快开始筹建工作"。

经过研究，领导小组决定并经南京市政府批准，将纪念馆建在江东门当年日军大屠杀的现场和掩埋尸体的"万人坑"遗址。据记载，1937年12月16日，日军将已解除武装的中国士兵和平民万余人，囚禁在江东门原陆军监狱院内。当天傍晚，日军将这些中国俘虏和平民押至对面荒地，架起机枪，猛烈扫射，受害军民相继倒于血泊之中。尸骸抛露荒野，风吹日晒雨淋，久无人收殓。数月后，由慈善团体红卍字会收尸，掩埋于附近两个大土坑中，这两个土坑被称为"万人坑"。

1983年12月13日，即南京大屠杀遇难同胞46周年祭日，江苏省、南京市领导和南京市各界代表、幸存者代表300余人，在江东门举行了建馆奠基仪式，正式开始筹建纪念馆。

正当纪念馆筹建工作进入紧张阶段之时，1985年2月3日，邓小平同志来南京视察，听取了南京市政府领导关于筹建纪念馆的汇报，并慨然挥毫题写了"侵华日军南京大屠杀遇难同胞纪念馆"馆名。

经过建筑工人四个月的紧张施工，1985 年 8 月 15 日，在纪念抗日战争胜利 40 周年时，侵华日军南京大屠杀遇难同胞纪念馆落成开放。

纪念馆由中国著名建筑学家齐康教授担任设计师。一期占地 25000 平方米，主体建筑面积 2500 平方米。人们从入口进入广场，就看到馆厅正面墙面上铭刻着邓小平亲笔书写的馆名。沿右侧拾级而上，迎面是以中、英、日三种文字雕刻的黑色大字"遇难者 300000"，触目惊心。从主体建筑大厅的屋顶平台上俯瞰空旷的墓场，鹅卵石的地面上，寸草不生，几棵枯树的后面竖立着高 4 米的母亲雕像，她悲愤无力地伸着手在寻找失去的亲人。她的身后，是一座半地下的、棺椁形的"遇难同胞遗骨陈列室"。这种对死亡、凄凉气氛的强烈渲染，震撼着每个凭吊者的心灵，使人们仿佛置身于一个陌生、悲惨的世界。

▲南京市人民政府在江东门"万人坑"遗址上建立的侵华日军南京大屠杀遇难同胞纪念馆。图为纪念馆大门和镌刻着南京大屠杀发生时间的标志碑。

顺台阶而下，到了院内，便看到循着院子的路边、墙边散置着 13 块形状各异的小型石碑，上面记载着 13 处大屠杀的主要遗址及史实。用青条石砌起的乱石围墙上，嵌刻着高 2.2 米、总长 51 米的大型黑色花岗石浮雕，浮雕由"搜捕""屠杀""祭念"组成，与乱石墙浑然一体，增加了悲惨、压抑的气氛。

棺椁形的遗骨陈列室内两边大玻璃橱内，设计成一个地层剖面，层层叠叠地布满了累累白骨和部分遇难者名单。这些白骨，都是纪念馆施工过程中，从"万人坑"挖掘出的遇难者遗骨。

另外，馆内还设有"史料陈列厅"和电影放映厅，展出侵华日军南京大屠杀暴行的有关图片、档案资料、证人证言、幸存者照片及实物等，放映反映南京大屠杀的电影。

1995 年，南京市市委、市政府根据人民的要求，又在纪念馆内进行二期工程建设。二期工程新建了组合雕塑—《古城的灾难》、一座残垣断壁状具有特定内涵的纪念馆大门和刻有大屠杀发生时间的标志碑、一座长 41 米、高 3.5 米的遇难者名单墙（俗称"哭墙"）、900 余平方米的新展览大厅、"历史证人的脚印"铜版路、"和平大钟"、"万人坑"遗址等。

2005 年 2 月，国家发改委正式行文批复，同意启动纪念馆三期扩建工程，计划总投资 5.4 亿元人民币。经过近三年的艰苦努力，2007 年 12 月南京大屠杀惨案发生 70 周年时，扩建后的纪念馆对外开放。扩建后的纪念馆占地面积比老馆扩大三倍，达 111 亩，建筑面积 2.5 万平方米，展览面积 1.2 万平方米。

纪念馆三期扩建工程设计由中国著名建筑学家何镜堂教授担纲。他将纪念馆的整体外观设计成"船状"，寓意为"和平之舟"：东部高大的船头是陈列丰富的展厅，周边是庄严肃穆的广场；中部是原馆的遗址悼念区；西部大片开阔区域是树木葱郁的和平公园。整个建筑在体现南京大屠杀"悲愤"主题的同时，成功融入"和平"的因素，并以建筑、雕塑、展陈三大亮点成为"世界十大黑色旅游景点"。

日军在南京大屠杀的遗址遍布城郊内外，为悼念遇难同胞，教育后人，勿忘国耻，在江东门筹建纪念馆的同时，南京市政府决定在当年日军集中屠杀的遗址，建立纪念碑。

1985 年 8 月 15 日，在"侵华日军南京大屠杀遇难同胞纪念馆"落成开放的同时，南京市政府在当年侵华日军大屠杀遗址或遇难同胞尸骨丛葬地挹江门、中山码头、煤炭港、鱼雷营、上新河、草鞋峡、燕子矶、清凉山、汉中门、北极阁、普德寺、中山陵西洼子村、江东门等 13 处建立的纪念碑也宣告落成。其后，又在正觉寺、五台山、金陵大学（今南京大学）、花神庙、湖山村、西岗头、仙鹤门、太平门等处遗址立碑。

这些纪念碑，遍布城郊各处，选址适当，造型庄严肃穆，各具一格。兹选以下各碑略加介绍：

侵华日军南京大屠杀中山码头遇难同胞纪念碑，建于下关江边中山码头附近马路边路岛碧草丛中。该碑碑高 4.65 米，由三个白色"人"字相连组成，象征万余名同胞被杀害；碑底座为三层红色台阶，象征鲜血遍地；碑的中上部悬有直径 1.7 米的白色大花圈，花圈中刻有碑名，背面刻有碑文，说明万余人在中山码头被害的史实。碑文如下：

中山码头乃侵华日军南京大屠杀遗址之一，当时避居国际安全区之青壮难民，在此惨遭杀害者共达万人以上。其中，

1937 年 12 月 16 日傍晚，日军从避居于原华侨招待所之难民中，搜捕所谓"当兵"嫌疑者 5000 余人，押解于此，用机枪射杀后，弃尸江中。12 月 18 日，日军又从避居于大方巷之难民中，搜捕青年 4000 余名押解于此，复用机枪射杀。在此先后，日军还于毗近之南通路北麦地和九甲圩江边，枪杀我难民 800 余人。悲夫！其时码头顿成鬼域，同胞悉罹枉死，惨矣！呜呼，政阁国弱，何可安全？欲免外侮，唯赖自强。今虽时殊势异，仍当前事不忘。爰立此碑，勖勉后人：牢记历史，振兴中华。

▲侵华日军南京大屠杀中山码头遇难同胞纪念碑

侵华日军南京大屠杀草鞋峡遇难同胞纪念碑，建于下关江边上元门幕府山北麓。碑身高达 6 米，为多层城堡式，逐层收缩，洁白高耸，庄严肃穆，象征古城南京。碑身正面镶嵌的青石上，刻有草鞋峡被害军民 57000 余人的史实碑文。全碑高 8.15 米，寓意 1945 年 8 月 15 日日本投降日。其碑文如下：

1937 年 12 月 13 日，侵华日军攻占南京后，我逃聚在下关江沿待渡之大批难民和已解除武装之士兵，共 57000 余人，遭日军捕获后，悉被集中囚禁于幕府山下之四五所村中。因连日惨遭凌虐，冻饿致死一批；续于 18 日夜悉被捆绑，押解至草鞋峡，用机枪集体射杀。少数伤而未死者，复用刺刀戳毙；后又纵火焚尸，残骸悉弃江中。悲夫！其时屠刀所向，血染山河；死者何辜，遭此荼毒？追念及此，岂不痛哉？！爰立此碑，谨志其哀，藉勉奋发图强，兼资借鉴千古。

侵华日军南京大屠杀遇难同胞普德寺丛葬地纪念碑建于雨花台烈士陵园附近原普德寺遗址。四周绿树环绕，拾级而上，即见一状如一双巨手合十的灰色石碑，立于山坡上，碑形寓意僧众双手合十诵经，超度遇难者的亡灵。其碑文如下：

1937 年 12 月侵华日军南京大屠杀惨案，震惊寰宇，血沃钟山，水赤秦淮，我无辜同胞不幸遇难 30 万人。普德寺系我遇难同胞尸骨丛葬之一，经南京红卍字会先后埋葬于此者共达 9721 具，故亦称"万人坑"。附录其年月及埋尸记载如下：

1937 年

12 月 22 日，葬 280 具

12 月 28 日，葬 6468 具

1938 年

1 月 30 日，葬 486 具

2月23日，葬106具

3月25日，葬799具

4月14日，葬1177具

5月26日，葬216具

6月30日，葬26具

7月31日，葬35具

8月31日，葬48具

10月30日，葬62具

兹值中国人民抗日战争胜利40周年，特此刻石纪念，旨在告慰死者于地下，永励后生于来兹：不忘惨痛历史，立志振兴中华。

侵华日军南京大屠杀上新河地区遇难同胞纪念碑，建于上新河棉花堤江边。其碑形是一座多棱圆形白色墓冢，平顶墓上，由一红色底座，托竖着一黑色大理石墓碑，寓意被日军屠杀的我无辜同胞的鲜血染遍大地及长江。其碑文如下：

1937年12月，侵华日军攻占南京后，我大批解除武装之士兵和群集上新河一带之难民，共28730余人，悉遭日军杀害于此处。日军屠杀手段极其残酷，或缚之以溺水，或积薪而活焚，枪击刀劈，无所不用其极，对妇女乃至女童，均先强奸而后杀害，惨绝人寰，世所罕见，致使尸积如山，血流成河。劫后，湖南木商盛世征、昌开运两先生目睹惨状，于心不忍，曾由私人捐款收埋一批遗尸。嗣于1938年1月至5月，又经南京红卍字会在上新河一带收埋死难者遗尸计14批，共8459具，分记如下：

1月10日，葬于黑桥998具。

2月8日，葬于太阳宫457具。

2月9日，葬于二道梗子850具。

2月9日，葬于江东桥1850具。

2月9日，葬于棉花堤1860具。

2月14日，葬于中央监狱附近328具。

2月15日，葬于观音庵空场81具。

2月16日，葬于凤凰街空场244具。

2月18日，葬于北河口空场380具。

2月20日，葬于五福村217具。

3月15日，葬于甘露寺空场83具。

3月23日，葬于甘露寺空场354具。

4月16日，葬于贾家桑园空地700具。

5月20日，葬于黑桥57具。

"前事不忘，后事之师。"爰本此旨，特立此碑，藉慰死者，兼勉后人；爱我中华，强我祖国，反对侵略，维护和平。

侵华日军南京大屠杀北极阁附近遇难同胞纪念碑，立于当年日军屠杀遗址北极阁山南麓山脚下。该碑依山呈半圆弧形，碑体白色，碑名刻写在黑色长条弧形大理石上，上涂金色。碑体长12.13米，寓意南京于12月13日沦陷。碑文如下：

1937年12月，侵华日军屠杀我南京同胞达30万众。仅此北极阁毗近之处，惨遭杀害者即达2000余人。其时，鼓楼至大石桥，北门桥至唱经楼，太平门、富贵山及蓝家庄等地，伏尸残骸，盈街塞道；涂膏凝血，触目生哀。翌年1、2月间，罹难同胞之遗骸经南京崇善堂收殓，丛葬于此山之麓及近山之城根等处。爰立此碑，永志不忘，藉勉后人，奋发图强，振兴中华，国运其昌。

▲侵华日军南京大屠杀北极阁附近遇难同胞纪念碑

金陵大学遇难同胞纪念碑，立于南秀村南京大学天文台旁边，由南京大学1996年5月建立。纪念碑设于三级半圆形台阶之顶部，由方形毛石砌成，上端镶嵌长方形黑色大理石，上书"侵华日军南京大屠杀金陵大学难民收容所及遇难同胞纪念碑"字样，中部镶嵌长条黑色大理石，上书碑文曰：

一九三七年十二月，日军侵占南京时，留在南京的外侨代表，为了收容我未及撤离的大批难民，以原金陵大学等处为中心，在城内设立了"国际安全区"，占地三点八平方公里，内设二十五个难民所，收容难民约二十五万人，其中，原金陵大学校园本身就是较大的难民收容所之一，收容难民多达三万余人。

原金陵大学附近，也是侵华日军对我遇难同胞实施集体屠杀的场所之一。一九三七年十二月二十六日，日军以办理难民"登记"为由，将避难于原金陵大学图书馆内之两千余难民，迫令集中在网球场上（现该地已建为地质实验楼），从中搜捕了三百余名青壮年，驱至五台山及汉中门外悉加杀害。

原金陵大学校园范围内，也是我遇难同胞尸骨丛葬地之一。据当时慈善团体红卍字会埋尸资料记载，一九三八年一、二月间，该会曾先后在城北各处收殓，于金银街原金陵大学农场及阴阳营南秀村埋葬遇难者尸体达七百七十四具。

五十年代，南京大学在南秀村建设天文台时，还曾掘出过这批尸骨。

前事不忘，后事之师。今立此碑，永志哀痛，藉慰死者，兼勉后人，自强不息，振兴中华。

花神庙丛葬地纪念牌，立于中华门外功德园入口右手处，由南京市人民政府、雨花台区政府 2001 年 12 月建立。纪念碑为一自然太湖假山石，立于四方形水泥底座之中。山石正面刻

▲侵华日军南京大屠杀金陵大学难民收容所及遇难同胞纪念碑

有"侵华日军南京大屠杀遇难同胞花神庙地区丛葬地纪念碑"字样，在青灰色水泥底座正斜面书写碑文如下：

1937 年 12 月 13 日南京沦陷后，侵华日军即进行血腥大屠杀，尸横遍地，惨不忍睹。南京红卍字会和崇善堂两慈善团体自 1937 年 12 月 22 日至 1938 年 4 月 18 日止，在中华门外雨花台、望江矶、花神庙一带共掩埋遇难者同胞尸体 27239 具。南京市民芮芳缘、张鸿儒、杨广才得组织难民 30 余人，于 1938 年 1 月至 2 月的 40 余日内，在花神庙一带掩埋中国军民尸体 7000 余具，其中难民尸体 5000 余具，军人尸体 2000 余具。特立此碑，悼念遇难同胞，永志不忘历史，振兴中华。

西岗头遇难同胞纪念碑，由汤山西岗头村全体村民于 2005 年 12 月集资建立。纪念碑设于六级台阶的平台之上，有两级底座，碑身为黑色高大墓碑型大理石，其碑文如下：

一九三八年二月八日（农历正月初九），本村被日军集体枪杀的二十二人中，仅有陈万有一人死里逃生。死亡二十一人：李小三、李永华、李克俭、金怀生、赵小三、周正根、陈广林、陈广泉、陈万松、陈万夏、陈万宽、陈朝良、莫庆文、莫广武、裔建昌、裔景华、裔景富、曹友恒、董老大、外地二人。另外，还有被日军枪杀及迫害致死的十六人：李克本、李连才、刘贤春、吴宝才、陈治富、陈广寿、陈广聚、陈万慧、陈道法、莫庆元、张在寅、裔建和、刘方氏、裔景妹、陈朱氏及其女儿。当时全村仅有四十二户，遇难者除外地二人外，本村共计三十五人，被烧房屋九十一间又二十六间厢房，损失粮食、衣、被、禽、畜等不计其数，损失惨重。为了教育子孙后代、勿忘国耻、牢记悲惨的历史教训、弘扬爱国主义、团结奋斗、振兴中华，值此抗日战争胜利六十周年之际，本村全体村民，自发捐款，建立此碑，以慰亡灵。

仙鹤门遇难同胞纪念碑，由玄武区城建局于 2007 年在东郊云盘山脚下仙鹤门村建立。纪念碑设于一由泥土堆成的大坟包前，为断裂分开的两块巨型石块，正面磨平，左侧自然状石块用中、英、日 3 种文字刻有"侵华日军南京大屠杀仙鹤门遇难同胞纪念碑"字样，右侧梯形状石块上刻有如下碑文：

1937 年 12 月 13 日，侵华日军攻占南京东郊马群、仙鹤门一带，俘获我抗战官兵及民众 15000 余人。同年 12 月 18 日，日军分散多处将 4000 多名手无寸铁的平民和俘虏集体屠杀。翌年春，仙鹤村附近尚有大批尸体横躺在村外麦地里。据当地居民谭庆瑞、和允兴、仇兴中、和允州、盛文金等共同回忆，1938 年春，村民们曾自发将遇难同胞的尸骨，分别就近掩埋于一座"大坟"内。此座"大坟"内掩埋尸体约七百具。特立此碑，以志纪念。

◎ 爱国主义教育基地

自 1985 年侵华日军南京大屠杀遇难同胞纪念馆建成开放以来，每年都要接待数万来自国内外的参观者。他们中既有党和国家领导人、国内人民群众，也有港澳台同胞和海外侨胞，还有许多国外友人。一批批日本人包括当年参加南京大屠杀的日军士兵，也来到这里，深刻反省。

每逢 12 月 13 日南京沦陷的祭日或 8 月 15 日日本宣布投降日，南京各界人民群众都要来到纪念馆、纪念碑前，举行悼念遇难同胞仪式。从 1994 年起，在全国率先举办悼念遇难同胞仪式，每年 12 月 13 日全城拉响防空警报，警示人们莫忘历史。

许多观众参观纪念馆后留言、题词、撰文、赋诗，表达自己的感想。2004 年 5 月 4 日，时任中共中央总书记、国家主席胡锦涛视察纪念馆时指出："这里是进行爱国主义教育的好地方，任何时候都要对青少年进行爱国主义教育，不论什么时候都不能忘记这一惨痛的历史。"并签名留念。原全国人大常委会副委员长彭冲参观后，激愤题词："最深刻、最有力的一部爱国主义教科书"。著名画家刘海粟老人参观后题词："人类历史的悲剧"。著名国际关系史专家王绳武教授参观后题词："牢记历史，勿忘国耻"。爱国将领冯玉祥的后裔参观后写道："我们决不能忘记这一历史悲剧和耻辱，希望中国强大，才能不受外来敌人的侵略，希望中国青年更要牢记历史教训，要奋发图强，建设祖国。"

青少年也纷纷来到这里参观、凭吊，他们从侵华日军南京大屠杀的史实中，更懂得了旧中国的历史，是一部屡遭外国侵略的屈辱史，深感作为华夏子孙，必须牢记"落后就要挨打"的历史教训，表示要为振兴中华好好学习，为把祖国建设成世界强国而努力奋斗。解放军通信学院的一位军人大学生，在参观后写道："为了使我国更加富强，我们的人民不再受凌辱，作为共和国的一名钢铁卫士，我们决不能忘记自己的神圣职责，要从历史的学习中，增强民族自强心。"一位高中生参观纪念馆后，在作文中写道："人类应有的权利，中华民族应有的尊严，在这群毫无人性的刽子手的屠刀下，荡然无存。历史已一去不复返，昔日受辱的华夏，如今已昂首于世界的东方。但是当年的悲惨历史，绝不能忘怀！"

台湾同胞参观纪念馆后，也纷纷表示希望两岸统一，不忘国耻，共同建设祖国。台湾"中国统一联盟"执委、东吴大学教授、《统一日报》总主笔曾祥铎先生写道："参观过纪念馆后，有两点感想：一、日本人的兽性印象，至今未消；二、这段悲剧，中国人永不可忘。中国人民应该紧密团结，将中国建造成富强国家，以维护世界和平。"夏潮联谊会执委刘国基先生写道："中国必须统一，必须强大，才能对抗帝国主义的侵略。我们子子孙孙千万不能忘记这段惨史。"

今天，侵华日军南京大屠杀纪念馆已成为全国 100 所爱国主义教育基地之一、全国首批"国家一级博物馆""全国重点文物保护单位"。许多党政机关、企业事业单位、工会、共青团都把参观纪念馆作为进行爱国主义教育的重要内容。部队新兵入伍教育，军事院校和各大、中、小学入学教育的第一课也在这里进行。

"前事不忘，后事之师。"绝不能让南京大屠杀的历史悲剧重演。我们衷心希望日本人民能够不被国内右翼势力的欺骗宣传所蒙蔽，真切了解南京大屠杀的历史，中日两国世世代代友好相处，为推进世界和平作出贡献。

▲纪念馆建立初期设立的遇难同胞遗骨陈列室内景

◎ 国家公祭

2014 年 2 月 27 日，第十二届全国人民代表大会常务委员会第七次会议通过了关于设立南京大屠杀死难者国家公祭日的决定，决定将 12 月 13 日设立为南京大屠杀死难者国家公祭日。决定强调："制定本决定是为了悼念南京大屠杀死难者和所有在日本帝国主义侵华战争期间惨遭日本侵略者杀戮的死难同胞，揭露日本侵略者的战争罪行，牢记侵略战争给中国人民和世界人民造成的深重灾难，表明中国人民反对侵略战争、捍卫人类尊严、维护世界和平的坚定立场。"

2014 年 12 月 13 日上午 10 时，中共中央、全国人大常委会、国务院、全国政协、中央军委在南京隆重举行南京大屠杀死难者国家公祭仪式。中共中央总书记、国家主席、中央军委主席习近平出席并发表重要讲话，中共中央政治局常委、全国人大常委会委员长张德江主持公祭仪式。新华社对首次国家公祭活动进行了详细报道：

10 时整，公祭仪式开始。军乐团奏响《义勇军进行曲》，全场高唱中华人民共和国国歌。嘹亮的歌声响彻云霄。国歌唱毕，全场向南京大屠杀死难者默哀。公祭现场拉响了防空警报。同一时间，南京全城警报响起，汽车、火车、轮船汽笛齐鸣。

默哀持续一分钟。军乐团奏响低回空灵的《安魂曲》，16 名礼兵抬起八个巨大的花圈，缓步走上公祭台，将花圈安放在"灾难墙"前。77 名南京市青少年饱含深情地宣读《和平宣言》。

随后，习近平同南京大屠杀幸存者代表、85 岁的夏淑琴老人和一位少先队员一起，缓步走上公祭台，为国家公祭鼎揭幕。……"国行公祭，法立典章。铸兹宝鼎，祀我国殇。"160字铭文记叙了南京大屠杀史实和国家公祭日的设立。

……

习近平强调，我们为南京大屠杀死难者举行公祭仪式，是要唤起每一个善良的人们对和平的向往和坚守，而不是要延续仇恨。中日两国人民应该世代友好下去，以史为鉴、面向未来，共同为人类和平作出贡献。忘记历史就意味着背叛，否认罪责就意味着重犯。……

习近平指出，此时此刻，我们要告慰所有在南京大屠杀惨案中不幸罹难的同胞们，告慰所有在日本侵华战争中不幸死难的同胞们，告慰所有在近代以来中国抗击外来侵略中英勇牺牲的同胞们，告慰所有在为争取民族独立、人民解放和国家富强、人民幸福的伟大斗争中英勇献身的同胞们：今天的中国，已经成为一个具有保卫人民和平生活坚强能力的伟大国家，中华民族任人宰割、饱受欺凌的时代已经一去不复返了，中国人民正在意气风发地沿着中国特色社会主义道路，为实现"两个一百年"奋斗目标、实现中华民族伟大复兴的中国梦而奋斗。中华民族的发展前景无比光明。

……

6名社会各界人士代表共同撞响"和平大钟"。随着三响深沉悠远的钟声，3000羽和平鸽振翅飞翔，寓意着对30万死难者的深深追思和圆梦中华的雄心壮志。

参加过抗日战争的老战士和老同志代表，中央党政军群有关部门和江苏省、南京市、南京军区负责同志，各民主党派中央、全国工商联负责人和无党派人士代表，港澳台同胞代表，为中国人民抗日战争胜利作出贡献的国际友人或其遗属代表，第二次世界大战中国战区和遭受过日本法西斯侵略的亚洲国家驻华使节代表，南京大屠杀幸存者及遇难同胞亲属代表，江苏省各界群众代表等参加公祭仪式。来自中国、日本、韩国、美国、俄罗斯等国家和地区的 200 余名中外记者在现场进行采访报道。

▲南京大屠杀死难者国家公祭仪式